おはなし
科学・技術シリーズ

おはなし経済性分析

伏見 多美雄 著

日本規格協会

まえがき

「それはペイするか」,「どの案が最も有利か」という問いかけは,経営計画でも家計のマネジメントでも,常に投げかけられる基本問題の1つです.

こういった問いかけにきちんと答えるための原理原則と測定手法の体系を"経済性分析"といいます.この本は,経済性分析の基礎知識を,「おはなし」スタイルで伝授しようというものです.

もちろん,「人はパンのみにて生きるものにあらず」ということは旧約の時代から説かれていますし,一方また「人はパンなしで生きることもかなわず」という反論も繰り返されています.

これは,経営意思決定の問題は利益とか損得だけ考えてやればよいのではなく,多くの非金銭的な要因や社会・公共への配慮もしなければならないけれど,そうかといって,利益や損得を無視した行動をとり続けることもできないことを示唆しています.

こんにちの経済性分析は,そのような二律背反を両立させながら,巧みに意思決定を支援することを使命としているのです.

この本は,著者が三十数年間奉職した慶應義塾大学,特に経営大学院のMBAコースで展開してきたケーススタディーとレクチャーのエッセンスを,やさしくかみくだいて紹介することにしたものです.

この本は,「おはなしシリーズ」にふさわしく,基礎知識をやさしく解説することをねらいとしたものですが,巷間よく見かけるような「3時間でわかる」とか,「3日間でマスターできる」といった入門書にはなっていません.もともと経済性分析という学問は,抽象的・観念的な解説にはなじみにくいものであり,常に具体的な事例への適用を考えながら手間ひまかけて学ぶ必要がある,……と

著者は考えているからです.

そこでこの本では,「面白くてためになる」数値例を全編に提示して,まず読者に考えてもらい,間違った考え方と正しい考え方とを具体的に対比しながら,基礎知識を会得し,応用力を身につけていただく,というアプローチを心掛けました.

この小さな書物をまとめるに当たって,数十年にわたる「経済性工学」の共同研究者であり,経営科学の恩師でもあった故千住鎮雄先生に改めて感謝の意を表したいと思います.「面白くてためになる」例題作りに熱中し,「重要な原則を適切な事例を使って説明する」ことの重要性ないし愉しみを,長年の共同研究の中で体得させてもらいました.

また,この本の多くの場所で,同先生との共著研究の中から,基本原理や本質の似た事例を援用させていただきました.経済性分析を多くの企業に普及させることは我々の使命だと常々おっしゃりながら逝ってしまわれた先生に,本書を献呈したいと思います.

この本の場合も,大学の先輩・同僚諸氏と学会・研究会の仲間から,多くのヒントをいただきましたが,この本の性格上,多くの企業の経営トップの方々から実務研究の場を与えていただいたことにも感謝しなければなりません.とりわけ,SMC㈱の高田芳行社長,積水化学工業の大久保尚武社長,大木幹夫取締役,レイヤーズS.C.社の中防保社長,大成化工の徳倉真治社長,および各社のスタッフの皆様方に謝辞を呈したいと思います.

末筆ながら,この本の企画に全面的に協力してくださった日本規格協会書籍出版部の皆様に,謝意を申し述べたいと思います.

2002年春　神楽坂オフィスにて
2005年春　一部補訂

伏見多美雄

目　次

まえがき

第1話　経済性分析の勘どころ ……………………………… 13

1.1　それはペイするか …………………………………………… 13

1.2　経済性分析とハサミは使いよう ………………………… 14
　　　分岐点分析で間違いをおかす　　14
　　　割り勘計算と損得計算とを混同すると　　15
　　　値下げによる拡販は，損を覚悟の戦略か　　16
　　　赤字製品をやめれば増益になるか　　16
　　　利益効率の正しい使い方とは　　17
　　　不良損失とは，製造原価を無駄にするコストか　　17
　　　失敗のコストは宝の山　　18
　　　現在価値法一辺倒でよいのか　　19
　　　ライフサイクル・コスティングとは　　19
　　　戦略計画とは，利益を無視する計画のことか　　20
　　　ポリシーのコストを考える　　20

1.3　意思決定を支える3つの視点 …………………………… 21

1.4　経済性の視点とその他の視点との関連 ………………… 22

第2話　意思決定に役立つコストのとらえ方 …………… 25
　　　比較の基本原則と可変費用

2.1　変わるコスト・変わらないコスト ……………………… 25
　　　変動費と固定費　　26
　　　意思決定に伴って変化するコストに注目　　27

2.2 有利さの分岐点分析 ·· 29
　　テニスクラブの経済性比較　29
　　分岐点分析で間違いをおかす　30

2.3 入会前の意思決定と入会後の意思決定 ······················ 31
　　どちらの会員になるか　31
　　不確実な数値は後回しにする　33
　　皮肉な質問にどう答えるか　34
　　年会費は支払い済みの場合　35

2.4 単位当たりいくらにつくか ·· 38
　　大判のカラー複写機　38
　　直接費だけでよいか　39
　　人件費も含めるか　40
　　スペースのコストも含めるべきか　40

2.5 割り勘計算の考え方 ·· 41

2.6 割り勘計算には「正解」がない ································ 43

2.7 内外作の比較と平均コスト ·· 45

2.8 必要枚数が倍増したときの設備の取替え ···················· 48

2.9 手付金にこだわって損をする ···································· 49
　　埋没費用という考え方　52
　　設備の取替え問題　53
　　構造改革と埋没費用　55

第3話　利益の生まれる仕組み ································ 57
利益計画の経済性分析

3.1 受注計画の利益分析 ·· 57

3.2 既存事業の利益構造 ……………………………… 59
利益構造はどうなっているか　59
安値の受注で利益を増やす　60

3.3 手余り状態と手不足状態 ……………………………… 62

3.4 新規事業部の利益計画 ……………………………… 64
新規事業の利益構造分析　66
利益の生まれ方を調べる　68
限界利益図表　71

3.5 目標利益を達成するための分析 ……………………………… 73
目標達成に必要な固定費の水準　74
目標利益と変動費の許容水準　74
複数の不確定要因への配慮　76

3.6 マーケティング計画の経済性分析 ……………………………… 78
広告宣伝の経済性　78
OEM 生産による操業度アップの計画　79
全製品を値下げして拡販する政策　81

3.7 長期的視野での受注政策 ……………………………… 84
手不足状態のときの営業政策　84
ポリシーのコストと戦略的配慮　85
長期受注政策の経済性　86

第4話　有利な製品を選択する ……………………………… 89
限界利益と制約条件に注意を向ける

4.1 どちらが有利な製品か ……………………………… 89
赤字製品と黒字製品　89
黒字製品だけにすると利益が増えるか　91
赤字製品だけ作るとどうなるか　91

　　　　役に立つコスト分析とは　92

4.2　制約要素の投入効率を考える ……………………………… 94
　　　所要時間が異なる場合　94
　　　利益効率という指標　96

4.3　期間利益を最大にする製品ミックス ………………………… 96
　　　四半期ごとの製品ミックス　97
　　　粗利益に注意を向けると　98
　　　利益効率で順位付け　99

4.4　制約にはいろいろある ………………………………………… 101

4.5　不確定な要素と経営政策への配慮 …………………………… 103
　　　工程能力の制約が変わると　103
　　　需要についての感度分析　104

4.6　戦略製品に配慮すると ………………………………………… 106

第5話　失敗のコストと改善の利益 …………………………… 109
　　　比較の基本原則を整理する

5.1　そば屋の不良損失 ……………………………………………… 110

5.2　比較の原則と失敗のコスト …………………………………… 112
　　　観念的な評価は禁物　112
　　　比較の基本原則に立ち返る　113
　　　手余り企業の不良損失　114

5.3　客を減らす損失 ………………………………………………… 116
　　　店員の長電話で客を減らす　116
　　　工事による売上減少　117
　　　火事騒ぎによる売上減　118

5.4	作った後での失敗のコスト	119
	作った後での火事騒ぎ　120	
	ほかに客がいない場合の損失　121	
5.5	良くない客による損失	122
	にせ札使いが来た　122	
	見抜けなかったための損失　122	
5.6	実践問題に当てはめてみると	123
5.7	手不足企業での失敗のコスト	124
	評判の良いケーキ店　125	
	手余り企業の不良損失と，手不足企業の不良損失　126	
	操業水準が落ちると　128	
	手不足企業での営業の失敗　128	
	手不足企業でのにせ札使い　128	
5.8	改善の利益を評価する問題	129
	手余り状態の事業部での改善効果　129	
	手不足状態の事業部での改善効果　131	
	複合的な改善活動の効果　131	

第6話　利益の生まれ方を長期でみる　133
キャッシュフロー利益とお金の時間価値

6.1	増産投資の経済性	133
	5年間の投資計画　134	
	投下資本にはコストがかかる　135	
6.2	現価と終価との換算	137
	複利預金の元利合計　137	
	終価を現価に換算する　138	
	売上成長率と複利計算　139	

　　　　結婚準備資金の現在価値　140

6.3　多時点で資金の流れがある問題 …………………………… 142
　　　　生産システムの改善投資　142

6.4　毎期のキャッシュフローが均等な場合 ………………… 143
　　　　現価と年価との換算　143
　　　　年価と終価との換算　145

6.5　正味利益を測る3つの尺度 ……………………………… 148

6.6　長期投資案の収益率 ……………………………………… 150
　　　　企業買収案の投資効率　150
　　　　多時点で稼得資金がある場合　153

6.7　寿命の異なる投資案 ……………………………………… 155

6.8　ライフサイクル・コスティング ………………………… 157
　　　　エアコンの購入計画　157
　　　　現在価値で比べればよいか　158
　　　　この例では年価法でなければいけない　159

第7話　経営資源の効率に注意を向ける ……………………… 161
　　　　複数投資案の比較と選択

7.1　独立案からの選択と収益率 ……………………………… 161

7.2　投資効率の異なる融資案 ………………………………… 162
　　　　コストの高い資金は収益の大きい相手に貸せばよいか　164
　　　　右下がり右上がりの原則　164

7.3　感度分析とポリシーのコスト …………………………… 167
　　　　利回りの低い客に義理を果たすコスト　167
　　　　義理を果たす相手が複数の場合　169

7.4	資本予算の配分問題	171
7.5	物的資源が制約になる問題	174

  効率のよい工場と悪い工場　174
  製品ミックスの問題　175

7.6	投資制約が半端なときの選択法	176

  資金制約がぴったりのとき　177
  資金が半端に余る場合　177
  下位連合もありうる　178

7.7	その他の応用課題	179

  排反案からの選択問題　179
  混合案からの選択問題　181
  制約のある資源のマネジメント　181

第8話　すぐに使える身近な応用例 ……………… 183
いろいろなキャッシュフロー分析

8.1	特許権を買い取るか，リースにするか	183

  最尤予測のもとでの経済性　184
  買収が有利であるための許容投資額　186
  有効期間についての感度分析　186

8.2	金利込み償却額の計算	187
8.3	住宅ローンの借り換えプラン	189
8.4	学費援助の投資プラン	191
8.5	定年までの積立預金	193

  必要な積立額　194
  金利が激減すると　196

8.6 為替リスクがある外貨預金プラン ································ 196
　　ヨーロッパ旅行の費用積立　196
　　為替レートが変動する場合　197

8.7 個人年金での生活プラン ·· 199
　　何年いまの生活ができるか　200
　　低い金利のもとで20年生きるためには　200

8.8 プロ球団のスカウト計画 ·· 202
　　固定費型ビジネスでの人気商品　202
　　稼得資金が等差的に減少する場合　203
　　逓減の仕方が定率的な場合　203

8.9 長期受注計画の経済性評価 ·· 205

8.10 配送システムの経済性 ·· 207

付録　複利係数表 ··· 211

参考文献 ·· 217

第1話
経済性分析の勘どころ

　企業の経営者とか管理者と呼ばれる人々，あるいは生産，販売，技術，開発，人事，……などの業務に携わる人々は，いろいろな場面でいろいろなタイプの意思決定をします．また，それらの責任者を補佐する経理，財務，情報，……などのスタッフ部門の人々も，意思決定を支援するための分析・検討を主な役割としています．

1.1　それはペイするか

　意思決定の対象になる問題は多種多様であり，長期の総合的な戦略策定から，短期的・個別的な業務活動までさまざまですが，それらが企業の計画・管理にかかわる問題であるかぎり，できるだけ「経済的に有利な」案を選ぶことを目的にして検討されるのが普通です．

　つまり「それはペイするか？」，「どちらが有利か？」，「どの案が最も有利か？」などの比較検討が必要とされます．

　一方，私たち個々人の家計上の問題や，学校経営や，劇場経営，美術館，国立公園，行政機関，公立病院，……などの経営のように営利を追求しないたてまえの組織体の問題でも，その合理的な運営のために，なるべく「経済的に有利な」案を選択しようとする場面がしばしば生じます．

　こういう観点から行われる分析や計算のことを一般に「経済性分

析」とか「経済計算」と呼んでいます．これらとほぼ同じ意味で「採算分析」とか「採算計算」，あるいは「損得計算」などの呼び名も使われています．

この本は，そのように多くの分野で問題になる経済性分析について，基礎的・原理的なお話をしようとするものです．

1.2 経済性分析とハサミは使いよう

ところで，経済性分析とか経済計算というのは，ひたすら計算を行うだけの事務作業（clerical work）だと考える人が少なくないようです．しかし，経済性分析というのは，意思決定が必要な場面で，問題の基本構造を整理し，まっとうな解決のための処方箋ないしレシピを提供してくれる学問なのです．経済的な評価と選択の基本を無視して，ただがむしゃらに「もうかる（ように見える）案を選べばよいだろう」とやっていますと，大きな落とし穴に落ち，「間違った案を正解と信じて」かえって大きな損を招く可能性が少なくないのです．

この本で取り上げている具体例から，特徴のあるいくつかの例をあげてみましょう．

分岐点分析で間違いをおかす

私たちの家計の問題でも，企業の問題でも，コストの内訳が固定費と変動費とから成り立っている例が少なくありません．そして，固定費の高い案は変動費が安く，固定費の安い案は変動費が高くつく，という場合がしばしばあります．

「だから，経済性分析の基本は有利さの分かれ目になる点，つまり損益分岐点を知ることだ」という解説をよくみかけます．しかし，

たとえば，投資済みの設備のどちらを使うほうが有利かという分析や，受注の是非を決めるとか，値段の付け方を検討するときなどに，不用意に分岐点分析を使いますと正しい意思決定ができなくなります．

　分岐点（break-even point）を求めるという計算手法よりもっと基本的なことは，「どういう条件のもとでどういう比較をするのか？」ということです．

　意思決定が行われる場面はさまざまなので，代替案の比較の対象を明確にし，置かれた条件をきちんと整理することこそが基本なのです．そういう基本を怠って，いきなり計算を始めたりしますと，「不利な案を有利と思いこんでしまう」誤りを犯すことがまれではないのです．

割り勘計算と損得計算とを混同すると

　経済性分析の主な役割は，利益を大きくする方策を検討したり，コストを上手に節減する方策を工夫するというように，"損得計算"を行うことです．ところが，世の中にはそのような損得計算の体系とは別に，利益やコストを関係者の間でなるべく公平に分け合おうという"割り勘計算"というものがあり，しばしば混在しているのです．

　経済性分析は，主な情報源として企業会計と呼ばれる情報システムを使う場合が多いのですが，実はその企業会計，特に財務会計とか，その一環として行われる原価計算という「制度会計」の中には，もともと割り勘計算の考え方で発展し体系づけられたものが少なくないことに注意する必要があります．

　その辺のことをしっかり承知していませんと，正しい経済性分析が成り立たないからです．

値下げによる拡販は，損を覚悟の戦略か

割り勘計算を基礎にした原価情報を不用意に使いますと，損得計算を目的とする経済性の評価を誤らせる原因になります．

たとえば，最近のように不況が続いている日本企業では，「製品原価」に15〜20%程度のマージンを加えた価格設定をしている例が多いようです．そういう企業で，たとえば3割引でOEM生産をするという「赤字受注」をしますと，売上利益率が激減して会社の利益を減らしてしまうという考え方がよく見られます．

しかし，その企業が手余り状態（生産能力に余裕がある）のときには，値下げによる受注で限界収益が減少しても，それが限界費用を上回っていれば利益は増えるのです．

一方，その企業が手不足状態（生産能力に余裕がない）のときに値下げをして顧客を増やしても，全社利益は減ってしまいます．

この場合も，割り勘計算のコスト情報に慣れきっていて，「どういう条件のもとで，どの製品を受注するのか」という比較の基本を怠りますと，フレキシブルな対応ができなくなるのです．

赤字製品をやめれば増益になるか

伝統的な原価計算では，いろいろな製造間接費を「公正妥当な基準で」複数の製品に配賦することが行われています．そういう計算システムのもとでは，"赤字製品"が生じたからといって，その製品を直ちに「不利な製品」と決めつけることは大変危険です．むしろ「正統的でない」限界利益の計算に注意を向けるほうがベターです．

ただし，限界利益というコンセプトを知ってさえいれば常に正しい製品選択ができるかといえば，そうもいきません．「できることもあれば，できないこともある」のです．

できない場合の最も重要な注意点は，各製品の制約条件に相違がある場合です．1個当たり限界利益が100円の製品と150円の製品とがあっても，制約条件のいかんによっては，100円の製品のほうが有利だというケースがいくらもあるのです．

利益効率の正しい使い方とは

「売上利益率の大きい製品はそれの小さい製品よりも有利である」とか，「投資利益率の大きい製品ほど有利である」など，いわゆる利益効率という指標が安易に使われている例が少なくないようです．

経済性評価のためのものさしとして，「効率のよい利益の稼ぎ方」というものさしは確かに重要ですが，しかしこの場合も，置かれた条件によって，どのタイプの効率指標を使うべきかが異なるのです．

条件のいかんによっては，そもそも利益率を使って判定してはいけなくて，利益の額そのものを使うほうがよいという問題もある，などのことを心得ていなければなりません．

不良損失とは，製造原価を無駄にするコストか

ハイテク産業などで見られるように，高度な技術を駆使した新製品の導入期には，高い不良率を覚悟しなければならない場合がよくあります．その場合，いわゆる"不良損失"の評価がしっかりしていませんと，品質管理による改善効果がどれだけかという見分けがつかず，改善努力を傾注すべき対象を見誤りかねません．

この場合も，「正統的な原価計算」にこだわっていますと，「製造原価に不良品の数量を掛けたもの」が当然不良損失（会計用語では仕損費）であるという，財務会計の後追いをするだけに終わってし

まうことでしょう．

経済性分析では，手余り状態の工程で不良品が出た場合と，手不足状態の工程で不良品が出た場合とでは，不良損失の評価が全く違うという考え方をします．

不良損失の問題に限らず，一般に，"失敗のコスト"を正しく評価する問題は多種多様です．たとえば設備の劣化が進んだり，工程管理がまずかったりしますと「生産が停止する損失」が生じますし，営業活動に失敗しますと「売り損ないの損失」が生じます．そのほか，「過剰在庫をかかえる損失」，海外との提携に失敗して「安い仕入先を失う損失」，狂牛病対策を軽視して「顧客の信用を失う損失」……など，多くの領域で適切な評価・分析が望まれるのです．

失敗のコストは宝の山

上述のような失敗のコストの評価をきちんとする問題と，それを改善することによる利益増加を正しく評価する問題は，車の両輪のようなものです．

企業経営は人間の営みですから，失敗のない完全無欠ということはありえません．だから，「過去の失敗をとがめだてするような分析」にどんな意味があるのかという反論があるかもしれません．しかし，失敗のコストは"宝の山"である可能性が大きいのです．

その勘どころは，「その失敗があったために」，「それがなかった場合と比べて」会社の利益をどれだけ減らしたか，という分析をすることは，これを裏返しますと，「その失敗を改善すると，それを改めない場合と比べて」会社全体の利益がどれだけ改善されるかという，宝のありかを示唆してくれるということです．

現在価値法一辺倒でよいのか

長期計画の経済性分析で最もポピュラーなテーマとして，投資分析があります．方策の効果が長期に及ぶ問題では，昔からキャッシュフローの「割引現在価値（DCF）」というものさしが推奨され，複数投資案からの選択や，資本予算の配分，企業価値の評価，……などについて，常に基本指標とされてきました．

しかし，投資の経済性分析でも，最も重要な勘どころは「条件に応じた選択指標」の使い分けということです．与えられた条件によっては，現在価値法よりも年価法のほうが適している場合もありますし，DCFよりも投資収益率という指標のほうが役立つ場合もあるのです．現在価値一辺倒では「何とかのひとつ覚え」になり，正しい意思決定をさまたげてしまう場合もあることを知らなければなりません．

ライフサイクル・コスティングとは

DCF法一辺倒の欠点は，寿命の異なる設備のライフサイクル・コスティング（いわゆるLCC）の分析にも見られます．

LCCは，経済性分析のポピュラーなテーマのひとつであり，設備投資などをするときに目先のコスト負担だけに目を奪われずに，設備の寿命全体で発生するコストに注意を向けることの重要性を強調するものです．アメリカの国防省の設備調達問題などで話題になり，わが国に輸入されて広く推奨されているものです．

ライフサイクル・コストの考え方は，家計での車の購入や，エアコン等の家電製品，携帯電話などに見られるように，購入する消費者の問題であると同時に，製造販売する企業側の問題でもあります．たとえば，モデルチェンジされた携帯電話を「タダで」売っている業者は，販売後の使用料収入に注意を向けているのです．

ところで，各種の投資物件（業者側から見れば販売物件）はそれぞれ寿命（ライフサイクル）が異なることが珍しくないことに注意を払う必要があります．そういう問題について，「1台の機器のライフサイクル全体のコスト」に注意を向け，現在価値を比較すればよいというDCF法一辺倒の考え方では，有利さの判定を誤るおそれが大きいのです．

戦略計画とは，利益を無視する計画のことか

企業の経営者や企画スタッフがよく口にすることですが，「企業の最重要課題は良い戦略を策定し実行することであるから，そういう問題にいちいち損得計算とか経済性分析をやっていたのでは，果敢な戦略策定ができにくくなる」とする意見があります．

また，業績の悪い事業部長や製品部長がよく使う弁解の1つに，「この製品は戦略製品だから，利益の多寡にこだわる必要はない」という口上があります．

しかし，そもそも戦略計画というのは「利益を度外視してよい計画のこと」なのでしょうか？　そんなことはなくて，本来それは，「当面の利益を犠牲にする代わりに，将来より大きな利益を得る」こと，つまり「すぐの利益と将来の利益」とのトレードオフの課題を持つ計画であることが多いのです．

戦略製品だから，とか，義理を果たさなければならないから，とか，提携先との関係，とか，……を逃げ口上として使ってはいけません．

ポリシーのコストを考える

企業経営には，戦略製品という問題のほかにも「金額では測れない重要な要因」がたくさんあります．たとえば，顧客の信用が重要

だ，利益よりシェアのほうが大事だ，環境対策を無視したくない，社内の人間関係も重要だ，戦略製品を重視しなければいけない，ブランド価値も無視できない，……などです．

そういったことは，いちいちそのとおりです．しかし，「だから，経済性分析をやっても仕方がない」といって逃げてはいけません．非金銭的要因の多くは，経営トップや事業部長，カンパニー長などのポリシーとして打ち出されることが多いのですが，ポリシーを優先することは，それをやらずに，経済性の評価を優先する場合と比べて，当面の利益をどれだけ減らすことになるか，といったことをきちんと把握しておくことが重要です．

「すぐの利益と将来の利益」とのトレードオフ，あるいは「部門の利益と全社利益」とのトレードオフの問題をうまく整理して，意思決定をしやすくするように支援するということは，経済性分析の役立て方のもう1つの局面だといえるでしょう．

1.3　意思決定を支える3つの視点

以上は，比較的特徴のある話題を例示的にあげただけですが，これらを通じて，経済性分析の勘どころを会得するためには，計算手法だけではなく，基礎の基礎をしっかり学ぶことが重要だということは示唆しえたのではないかと思います．

そこで，意思決定を支援するための基礎に立ち返ってみますと，一般に次の3つの視点（view point）からの検討が必要です．

(1)　経済性の検討
(2)　財務面の検討
(3)　インタンジブル（非金銭的）な要因の検討

経営意思決定を支援するときの第1の視点として，経済的な優劣

についての分析が重視されるのは当然であり，上に指摘してきたとおりです．

しかし現実問題を解くときには，それだけで足りるのではなく，第2および第3の要因も同時に考慮しながら，「八方をにらんで」意思決定を下す必要があります．

第2の財務的要因とは，俗に資金繰りの問題ともいわれるものであり，どういう調達先から，いつどれだけの資金を調達し，どのように返済するかといった配慮のことです．特に投資を伴う計画では，資金の制約に見合った効率指標に注意を払う問題や，いわゆる資本予算の配分問題などもあります．

第3の要因としては，複数の代替案の優劣を検討するときに，単に利益の大小を比較するだけではなく，安全や公害への配慮とか，技術ノウハウの向上とか，企業内の人間関係，得意先や仕入先との関係，消費者からの信用やイメージ，地球環境への影響，企業のブランド価値，……などの要因にも配慮する必要があるということです．

1.4 経済性の視点とその他の視点との関連

この小さな本では，主として第1の側面に焦点を当てていますが，それと第2，第3の側面とを関係づけて検討することも，しばしば重要です．

たとえば，ある企業が生産能力を拡大して製品ラインを追加する計画を検討しているとしましょう．計画の対象となる候補製品は，甲および乙という2つがあって，収益性という視点だけ考えれば甲製品の生産を拡大するほうが有利ですが，乙製品の分野に出ていくと，新しい技術ノウハウを得るというメリットが大きいとか，環境

1.4 経済性の視点とその他の視点との関連

対策を先取りできて企業のブランドにも好影響がある，などのメリットが大きいといったケースがよくあります．

そのような場合に，企業経営者は「新しい技術ノウハウへの戦略的配慮」というインタンジブルな要素を重視して，乙製品の増産を優先したいと望むことも大いにありうることでしょう．しかしその際，「だから，そういう配慮が重要なときには，経済性分析をやっても無意味だ」と片づけてしまってはいけません．

そうするのではなくて，もし乙案を採用すれば，「甲案を採る場合と比べて，その製品からの利益がどれだけ少なくなるか？」という"ポリシーのコスト"をきちんと評価したうえで，戦略的要因（長期的，全体的にみた好影響）を優先するメリットと，そのためのポリシーのコストとをしっかり対比させて，意思決定をしやすい形に整理することが大切です．

そういった関係づけのコツについても，本書では折にふれて説明を加えることにしましょう．

第2話
意思決定に役立つコストのとらえ方
比較の基本原則と可変費用

　経済性の評価・分析を行う場合に常につきまとう問題の1つは，意思決定に必要な「コスト（費用）」の評価をどうするかという問題です．

　企業の経済活動は，収益（受け取る金額）とコスト（支払う金額）との差額である「利益」を最大に（あるいは，満足できる程度に十分大きく）することをめざして行われることが多いですが，もし収益が一定の場合には，コストを最小に（あるいは，満足できる程度に十分小さく）する問題に置き換えられます．

　また，家計や公共団体のような消費経済体では，必要な目的（受け取るべき便益）が決まっていて，それをできるだけ小さなコストで達成しようとする場面が頻繁に生じます．

2.1　変わるコスト・変わらないコスト

　経済性分析の主な役割は，複数の案のどれがどれだけ有利かという比較をすることですから，そのためのコスト（費用）のとらえ方で最も基本的な原則は，

(a)　何と何を比較するのかという比較の対象を明確にし，
(b)　比較の対象になっている各案の間で相違するコストをとらえる

ということです．

この原則はいかにも当たり前のように聞こえるかもしれません．しかし，現実の企業実践の中では，この原則が正しく適用されないために間違った決定をしている例を見かけることがまれではありません．そこで，ごく身近な問題から考え直してみることにしましょう．

変動費と固定費

私たちの消費生活で生じるコスト（家計の費用）のタイプを調べてみますと，たとえば食料費のように消費量に比例して支出が生じるものと，テレビの視聴料とか家賃，固定資産税，月決めの駐車料，……などのように，消費の度合いとは関係なく一定額の支出が生じるものとがあります．前者のタイプのコストを変動費と呼び，後者のタイプを固定費と呼びます．

また，電気，ガス，水道，電話などの料金のように，固定的な部分（基本料金）と消費量に応じて変動する部分とが組み合わさったものもあります（これを"複合費"と呼んでおきます）．

このようなコストの生じ方の区別は，企業の場合にも当てはまることでして，その金額が大きく，変動の仕方が複雑になっているだけです（図2.1参照）．

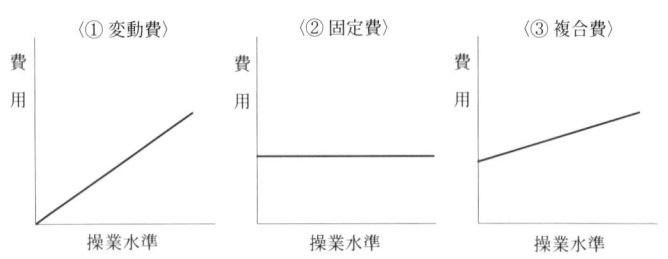

図2.1 変動費，固定費，複合費

企業の場合は，タイプ①の変動費とは，材料費や消耗品費，燃料費，外注加工費，配送費，などが考えられ，②の固定費には，月給制や年俸制社員の人件費，設備投資のコストやその維持費，固定資産税，本社や管理部門の諸経費などが考えられます．また③としては，企業でも，電気，ガス，水道，電話などの複合費があります．

これらを総合して，横軸に操業水準をとり，縦軸に製品の総原価をとってみますと，それもまた③のタイプの複合型になるのが普通です．

意思決定に伴って変化するコストに注目

ところで，上のような意味の変動費対固定費という区別は，必ずしも

(イ)　意思決定に伴って変化するコストか

それとも，

(ロ)　どの案を採っても変わらないコストか

という区別にそのまま対応するとは限らないことに注意する必要があります．経済性分析では，前者のタイプのコストを「可変費用」と呼び，後者のタイプを「不変費用」と呼びます．

通常，変動費・固定費と呼ばれるものは，企業の生産量や販売量などの操業水準（activity level）に比例して変動するか否かという区別ですが，経済性の比較の対象になるものは，操業水準をどうするかという問題以外に多種多様のものがありえます．たとえば設備投資をするかしないか，自社で投資をするかリースにするか，製品や部品を外注加工にするか内作するか，雇用人員を何人にするか，退職金の支給の仕方をどうするか，支店や営業所を増やすか減らすか，リストラをして人員を減らすか，企業買収を行うか，……などのように多種多様の問題があります．

このような諸問題の中には，意思決定に伴って固定費が可変的な例もあれば，変動費が不変費用だったりすることもありうるのです．ただ，現実の問題では，可変費用か不変費用かということを公式的に識別することはできなくて，個々の事例ごとに分析・検討することが必要なのです．そこで，以下においては具体的な事例をあげながら比較・分析のポイントを説明しましょう．

補説　コスト，費用，原価という用語

　経済用語としてのコスト（cost）とは，特定のアウトプット（製品・部品・サービスなど）を生むための対価として犠牲にされる価値額という意味で使われます．これに対して費用（expense）とは，特定のアウトプットを生むための犠牲額にこだわらず，お金や価値の流出額ないし費消額を意味する用語として使われます．

　会計学の分野では，原価と費用とを厳密に使い分ける専門書も少なくありません．つまり，特定のアウトプットないし資産と関連づけて，それを取得するための犠牲額というときに，コストの訳語としての「原価」という言葉を使い，設備の原価とか，有価証券の原価，製品の原価，棚卸資産の原価，開発投資の原価，……などの呼び方をします．そして，出張旅費とか事務用経費とか配送費，本社費用，研究所費用，……などのように，特定の資産との関連を意識しないものを「費用」と呼びます．

　しかし，経理財務の専門家以外の，営業，人事，技術，製造，……などの人々は，コストという言葉を原価と費用のどちらの意味にも（ほぼ同義語として）使っており，それで大過ないので，この本でも常識的な使い方に従うことにしています．

2.2 有利さの分岐点分析

テニスクラブの経済性比較
【例 2.1】

株式会社ウインブルという架空のテニスクラブを考えましょう．この会社の主力事業は，首都圏周辺のリゾート地に多数持っているテニスコートの賃貸です．

この会社のテニスクラブの会員になって年会費を払いますと，指定のテニスコートについて1回（標準は半日）ごとのコート使用料が割引になります．

会員になる方法は2種類あって，タイプAは年間8万円の定額を払うと，1回ごとのコート使用料が人数にかかわりなく 2,000 円です．これに対して，タイプBは定額分が 20 万円と高い代わりに，1回ごとの使用料は 800 円ですみます．その他の条件は同じで，会員券の有効期間は1年間です．

テニス好きの社長を持つ**株式会社しなの商会**では，交際用および従業員の福利厚生の目的で上述の A, B 2つのテニスクラブの会員になっています．福利厚生を担当している支配人は，これらの会員券の使い方について次のようなポリシーをとっています．

「会員券の年間総費用は，使用回数 x の関数であり，

タイプAは，$80{,}000 + 2{,}000x$（円）

タイプBは，$200{,}000 + 800x$（円）

です．したがって，優劣分岐点（両者の年間総費用が等しくなる使用回数）を求めると，図 2.2 のように，ちょうど 100 回です．だから，年度のはじめに予測を立てて，会員券を使用する回数が 100 回よりも少ない見込みの年にはなるべくA券を優先して使うことにし，それがふさがっているときにだけB券を使うようにすれば

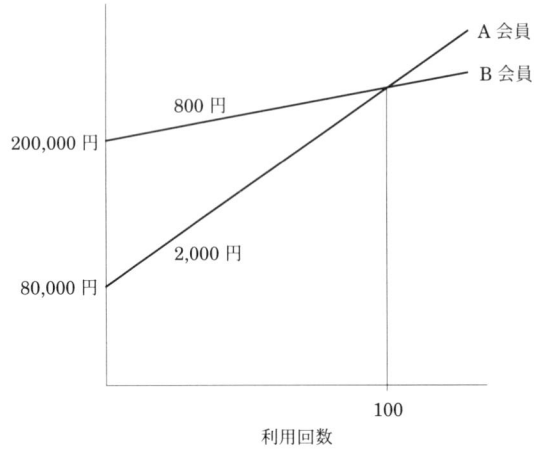

図 2.2　優劣分岐分析

よいのです．これとは逆に，会員券を使う回数が 100 回よりも多いと見込まれる年には A 券よりも B 券を優先するように仕向ければよいわけです．」

支配人は，このポリシーのもとで予測を立てたところ，次年度は不況のためテニスに行く回数が 100 回を大幅に下回り，たかだか 60 〜 80 回程度だと思われました．そこで，「A 会員券を優先する」という方策をとったのでした．

さて，この支配人の考え方は正しいでしょうか？

分岐点分析で間違いをおかす

この支配人の意思決定は，実は正しくないのです．

かりに，支配人のポリシーに従って A 会員券を優先するように努めた結果，その年度の実際の使用回数は，A 券が 60 回，B 券が

20回だったとしましょう．すると年間の総費用は，

$$(80{,}000+2{,}000\times60)+(200{,}000+800\times20)$$
$$= 200{,}000+216{,}000$$
$$= 416{,}000 \text{（円）} \tag{2.1}$$

となります．ところが，もし支配人のポリシーに逆らってB会員券を優先し，A券を20回，B券を60回使ったと仮定してみましょう．すると，年間の総費用は，

$$(80{,}000+2{,}000\times20)+(200{,}000+800\times60)$$
$$=120{,}000+248{,}000$$
$$=368{,}000 \text{（円）} \tag{2.2}$$

となり，総コストは48,000円も減るのです．これは，どう説明すべきでしょうか？

2.3 入会前の意思決定と入会後の意思決定

支配人の間違いの原因は，

（イ） これからテニスクラブに入会するときに，A会員券とB会員券との優劣を比較する問題と，

（ロ） 入会済みの2つの会員券の有利な使い方を比較する問題

とを混同していること，つまり，比較の対象を間違えていることです．

こういった問題をすっきり整理するために，【例 2.1】の問題を下記のように2つの事例に分けて考え直してみましょう．

どちらの会員になるか
【例 2.1–a】

上述の例で，もししなの商会の支配人が，「A会員として入会す

るか，それともB会員として入会するか，どちらか有利なほうを選択したい」という問題だった場合は，どういう比較をすればよいでしょうか？

このような意思決定の場合は，A, Bそれぞれの年会費（固定費）と，1回ごとの使用料（変動費）とのどちらも可変費用になります．したがって，年間に支出される固定費と変動費との総額が安いほうを選べばよいわけですから，優劣分岐点を求めてみますと，

$$80,000+2,000x=200,000+800x$$
$$2,000x-800x=200,000-80,000$$
$$\therefore \quad x=120,000\div1,200=100 \text{（回）} \tag{2.3}$$

となり，図2.2のような分岐図表が描かれることになります．したがって，年間にテニスコートを使用する回数が100回未満ならA会員が有利ですが，100回を超える予定ならばB会員が有利という判定になります．100回は優劣の分かれ目になる点ですから優劣分

補説　分岐点分析という言葉

"分岐点分析"（break-even analysis）という言葉は，もともと「有利さの分かれ目になる点の分析」という意味ですが，わが国の会計学や経営学では2つの意味に使われています．

その1つは，この第2話で取りあげる例のように，複数の案の優劣の分かれ目を調べるという意味に使われ，もう1つは，第3話で説明するように，利益になるか損失になるかの分かれ目を調べる意味に使われます．実践上は，内容の違いに合わせて前者を"優劣分岐点"，後者を"損益分岐点"と呼び分けたほうがわかりやすいと思います．

岐点とか損益分岐点と呼ばれます.

　これは簡単な分析法ですが，意思決定に伴って固定費と変動費の双方が変化するタイプの問題には広く応用可能な分析法です.

不確実な数値は後回しにする

　上の例ですぐ気がつくことは，優劣比較のために必要な数値のうち，年会費という固定費と，1回ごとに支払う変動費は確実な数値であるのに対して，年に何回コートを利用するかという数値は不確実だということです.

　こういう場合のうまい分析法は，不確実な数値はとりあえず未知数 x としておいて，「わかる範囲の計算から始める」というやり方です．そうしますと，AおよびBという会員になるための年間総費用は (2.3) 式のように回数 x の関数として表され，図2.2のように整理できるのです.

　この計算から，優劣分岐点の回数が100回だということがわかれば，会員券の使用回数が正確には予測できなくても，たとえば，

　「今年は不況だから，100回を超えることはありえず，たかだか60〜80回程度だろう」

というときはA会員になればよいし，

　「好況が見込まれるし，福利厚生や交際も活発にやりたいので，100回よりずっと多い回数になる予定で，少なくとも120〜130回から，場合によっては150〜160回ぐらい利用するだろう」

ということが予測できれば，B会員にすればよいのです（図2.3を参照）.

　つまり，「どちらに入会するか？」という意思決定をするためなら，厳密な予測ができなくても構わないのです.

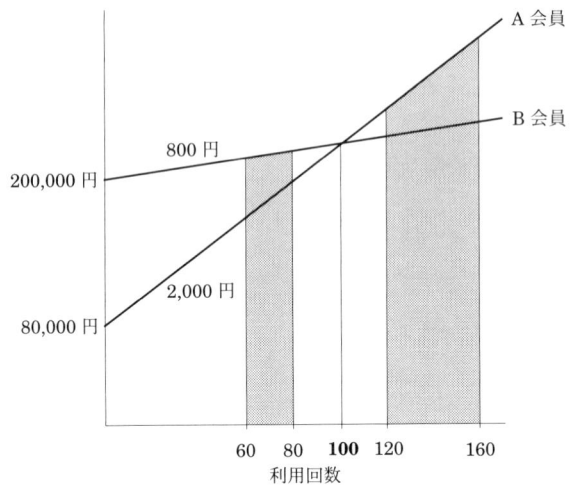

図 2.3 正確な回数予測は不可能

皮肉な質問にどう答えるか

こういう話をすると，皮肉な人がいて，「会員券を利用する回数は 90 回から 110 回程度らしいが，正確な予測はできないと予測される場合はどうしたらよいですか？」と質問するかもしれません．

しかし，そのように優劣分岐点付近で回数が不確実だという場合は，実は，「どちらを選んでも大差ない」のです．

だから，そういう場合は，コストの総額の差に神経を使うよりも，たとえば当面の資金支出という財務的な事情を重視して A 会員になることを選んでもよいし，もし入会金の高い B 会員のほうがコート利用時の快適性が高いという場合は（そして快適性の違いを重視するならば），B 会員になることを選ぶ，というように，インタンジブル・ファクターを重視しても構わないのです．

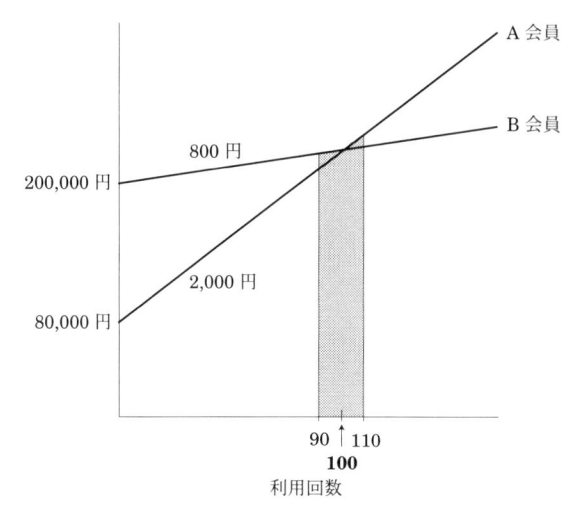

2.3 入会前の意思決定と入会後の意思決定　　　35

図 2.4 優劣分岐点付近の予測回数

　念のために，使用回数を 90 回と予測して A 券を選んだところ，実際の使用回数は 110 回だったという場合を想定してみましょう．この場合に，「B 券を選ぶべきなのに A 券を選んでしまった」という予測ミスによる損失は，わずか 12,000 円（年コストの数 %）にすぎないのです（図 2.4 参照）．

　読者は，演習のつもりで，使用回数が 90 回の場合と，110 回の場合との年間総費用の差を比較してみてください．

年会費は支払い済みの場合

　こんどは，すでに入会済みという別の条件を想定しましょう．

【例 2.1–b】

しなの商会では,すでにウインブル・テニスクラブの 2 種類の会員に入会済み(A, B 2 つの会員券を持っている)という場合を考えます.その場合は,支配人はどちらの会員券を優先して使うのが経済的に有利でしょうか?

この条件が,実は【例 2.1】の事例と同じものだったのです.この場合は,すでに支出してしまった 2 種類の入会金,つまり年間固定費 28 万円(=8 万円 +20 万円)は,「どちらの会員券を使うか?」という意思決定に伴って変化することはないコスト,つまり不変費用です.したがって,これを除いて,図 2.5 の (a) のように考えるべきですから,使用回数が 60 回でも 100 回でも 200 回でも,常に B 会員券を使うほうが有利なわけです.もちろん,同じ日に複数の会員券が必要なこともあるので,そういうときだけ A 会員券を使うことにすればよいのです.

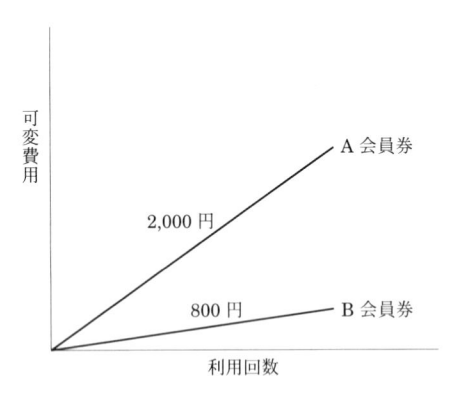

図 2.5 (a) 入会済み会員券の有利さの比較
—— 可変費用だけに注目 ——

補説 固定費がどうしても気になるならば

もし，2つの会員券の固定費部分がどうしても気になるという人は，図2.5の (b) のような図を描いてもよいでしょう．もちろん，この場合の選択も，同図 (a) で考えたのと同じ結論になります．

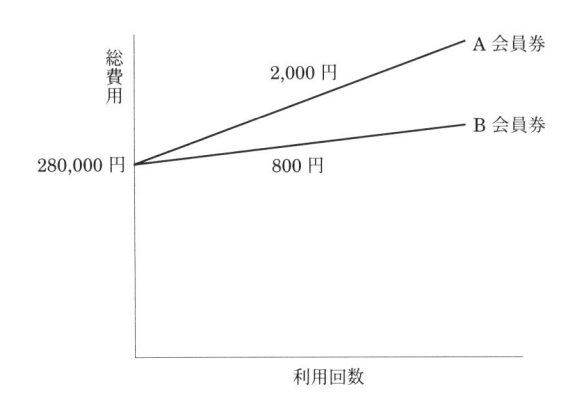

図 2.5 (b) 入会済み会員券の有利さの比較
——— 支払済みの固定費も考える ———

上述のように，固定費への投資をする前と，投資してしまった後とを区別し，置かれた条件の違いをきちんと識別して意思決定するという考え方は，企業活動の多くの分野で応用可能です．

たとえば工場や営業部門で，複数の新規設備投資案の優劣を比較する問題と，すでに投資済みの設備の有利な使い方を検討する問題とでは，可変費用のとらえ方を変える必要があります．高価でスピードの速いコンピューターやプリンターと，安値でスピードの遅いコンピューターやプリンターとのどちらに投資するかという問題

2.4 単位当たりいくらにつくか

　企業では，製品，部品，サービスのコストを，1個当たりとか，1枚当たり，1トン当たり，1回当たり……などのように「単位当たりいくらにつくか？」として評価する場面が非常に多いようです．しかし，意思決定のための経済性分析では，単位当たりという平均コストを不用意に用いると，しばしば間違いをおかすことがあるので注意が肝要です．

　別の事例で考えてみましょう．

大判のカラー複写機
【例2.2】

　ファッションデザインの専門会社・エナミ工房のオーナー・マネジャーである江波さんは，大判の精密カラー複写機をレンタルして，オフィスに備え付けることにしました．メーカーのすすめる2種の複写機J, Kのコスト条件は下記のようであり，1枚当たり直接変動費には，枚数に比例して支払う契約の支出額と，用紙代やインク代などの消耗品費が含まれます．

	設備賃借料	1枚当たり直接変動費
複写J	120,000円	14円
複写K	200,000円	9円

2.4 単位当たりいくらにつくか

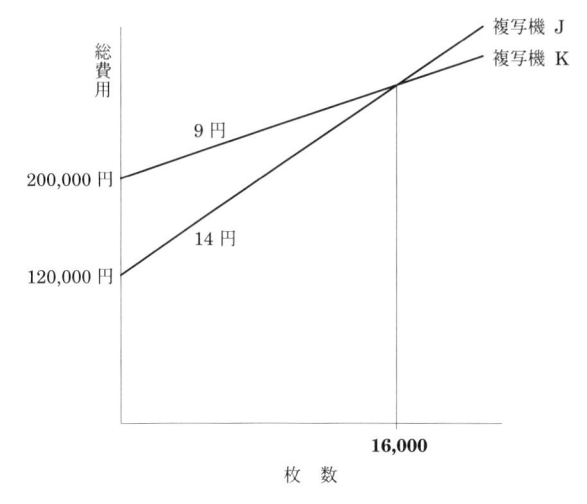

図2.6 2種の複写機の優劣分岐図表

　30ページの図2.2と同様の考え方で優劣分岐点を求めてみますと，図2.6のように16,000枚になりますが，実際の必要枚数は8,000枚なので，江波さんは機種Jに決めました．

　江波さんは，大学の家政科にいたとき「原価計算」の勉強をしたことがあり，生産や販売にかかわるコスト計画を立てるときには「単位当たりコスト」を求めることが重要だと習ったのを覚えています．そこで，機種Jの1枚当たりコストを求めることにしましたが，実務の問題は，学校のテキストのように明快ではなく，いろいろな可能性があることに気づきました．

直接費だけでよいか

　まず，複写機Jの賃借料が1枚当たりいくらにつくか計算してみ

ますと，
$$120{,}000 \div 8{,}000 = 15 \text{円}$$
です．この直接設備費に直接変動費を足したものを1枚当たり複写コストと考えることにしますと，
$$15 \text{円} + 14 \text{円} = 29 \text{円} \tag{2.4}$$
となります．

人件費も含めるか

複写コストには，社員が複写作業に費やす時間のコストも算入すべきではないかという考え方もあります．エナミ工房には，総務・経理の仕事をする女子社員・波野さんがいて，コピーの仕事は空き時間を利用して行います．波野さんの給料は月給制ですが，付帯人件費と合わせて，1時間当たりにすると2,400円につきます（月額36万円で，月間の正規就業時間は150時間です）．

複写作業のスピードは，（準備や後始末なども含めて）1時間に400枚の割ですから，複写作業1枚当たりに割りふると，6円になります．

この人件費を配賦しますと，1枚当たりの複写コストは次のようになります．
$$15 \text{円} + 14 \text{円} + 6 \text{円} = 35 \text{円} \tag{2.5}$$

スペースのコストも含めるべきか

江波さんは，人件費だけでなく，複写機が貴重なスペースを占有するコストも気になります．このカラー複写機は，事務室のスペースを4平方メートル占有しますが，この事務室のスペースのコスト（賃借料や維持管理費の負担額）は1平方メートル当たりにすると月間10,000円につきます．だから，4平方メートルで40,000円に

なります.これを 8,000 枚で割算しますと,5 円(= 40,000 ÷ 8,000)につきますから,これもコストに加算しますと,1 枚当たり複写コストは,

$$15 円 + 14 円 + 6 円 + 5 円 = 40 円 \tag{2.6}$$

となります.

さて,これらのうち,どの原価計算が正しいでしょうか?

2.5 割り勘計算の考え方

「単位当たりいくらにつくか」という計算は,企業の「原価計算」制度として長年定着してきたものです.原価計算の制度では,製品原価として変動費のほかに固定費も「適正に」配賦した"全部原価計算"と呼ばれる方式を採用することになっています.また製品の売価(販売単価)を決めるときも,原価計算による単位コストに適正マージンを上乗せして価格設定をすることが広く行われています.

財務会計や価格設定に全部原価を用いる考え方の根底には,いわゆる「割り勘計算」の思想があることを指摘しておかなくてはなりません.ここでは【例 2.2】の設問に直接答える代わりに,そのバリエーションとして,次の例について割り勘計算の考え方を確かめておきましょう.

【例 2.3】

エナミ工房の江波さんは,カラーコピーの費用を節約するために,同じビルにオフィスを持つ**ウエノ商会**に呼びかけて,カラー複写機を共同利用することにしました.**ウエノ商会**は,江波さんの女子大時代の同窓生である上野さんの夫が経営する建設事務所です.

共同利用による印刷枚数はエナミ工房が8,000枚，ウエノ商会が4,000枚で，合わせて12,000枚です．共同利用のコストを公平に分け合うためには，変動費のほかに固定費も適正に配賦して単位当たりコストを知ることが不可欠だと江波さんも上野さんも考えました．そうすると，前例で示したどの方式の計算が妥当でしょうか？

　公平なコスト配分額を決めるためには，直接変動費14円を枚数に比例して負担しあうことには異存がないでしょう．しかし，それだけでは不十分であり，エナミ工房が負担する固定費も適当に分担してもらわなくては共同利用する意味がないと考えるのが普通です．

　具体的な計算として最もよく使われる方法は，「複写1枚当たりの平均コスト」を求めて，それを利用枚数に比例して負担しあう，つまり割り勘計算をするという考え方です．

　とりあえずエナミ工房の立場に立って，公平な割り勘を考えてみますと，以下の3つのことが考えられるでしょう．

（イ）　複写コストの内容として，複写機の賃借料（直接固定費）と直接変動費の合計は当然負担しあわなければならないと考えますと，ミニマムで次のコストは払ってもらわなければならないということになりましょう．

$$(120{,}000 円 \div 12{,}000) + 14 円 = 10 円 + 14 円 = 24 円 \quad (2.7)$$

（ロ）　複写のための作業は，エナミ工房の波野さんが行うものとしますと，そのための人件費も公平に分担してもらわなければならないと考えるのが自然でしょう．その場合の1枚当たり複写コストは次のようになります．

$$10 円 + 14 円 + 6 円 = 30 円 \quad (2.8)$$

（ハ）　複写機はエナミ工房のオフィスに設置されているので，エ

ナミ工房としては,「スペースを占有するコスト」も分担してもらうのが公平だと考えるかもしれません.すると, 1 枚当たりスペースのコストは 40,000÷12,000=3.3 円につきますから,

$$10 円 + 14 円 + 6 円 + 3.3 円 = 33.3 円 \tag{2.9}$$

になります.

これらを勘案しますと,月間の複写コスト負担額は

エナミ工房: 33.3 円 ×8,000=266,667 円

ウエノ商会: 33.3 円 ×4,000=133,333 円

となります.エナミ工房としては,ウエノ商会との共同利用をしない場合のコストは,40 円 ×8,000=320,000 でしたから,月間 53 千円余りのコスト節減という計算になります.

2.6 割り勘計算には「正解」がない

さて,上述の計算を見ますと共同利用をすることによって使用枚数が増えますと,固定費の配賦額が小さくなる結果として「1 枚当たりコスト」が安くなります.しかし,3 種の計算の「どれが正しいか?」という質問に対しては,確答はできないのです.というのは,固定費を含めて「割り勘計算」をするといっても,「公平な」配分というのは,人により,状況によってさまざまな解釈がありうるからです.

たとえばエナミ工房の側に立てば,設備賃借料のほかに,人件費も,スペースのコストも,目いっぱい含めて 1 枚当たり 33.3 円と評価したいことでしょうが,ウエノ商会の側に立てば,人件費やスペースのコストは(共同利用してもしなくても)エナミ社が負担する固定費だから,それを負担させるのはおかしい.1 枚当たり 24

補説　制度会計としての原価計算

　企業外部の株主その他の利害集団に報告する企業会計の制度を"財務会計"と呼びます．この財務会計制度の一環として行われる原価計算では，"原価計算基準"と呼ばれる規則に従って「製品1単位当たりの原価」を計算することになっていますが，その規則の多くの部分は，固定費を「公正妥当なルールで」製品に配賦する仕方を定めています．

　その主な理由は，次の2つです．

　その1つは，財務会計制度の主目的は異なる年度ごとに，不特定多数の株主に対して配当可能な利益を公平に計算することです．そのためには，販売される製品の原価（これを「売上原価」といいます）に変動費と固定費を含めた全部原価方式を用いるほうがよいと一般に考えられていることです．

　もう1つの理由は，原価計算の資料は企業が製品価格を決めるときの基礎とされるということです．たとえば，電力，ガス，電話，行政機関……などの公益事業の価格は，製品原価に一定率のマージンを上乗せする方式を基礎にしますし，営利企業の場合も，売り手企業は製品原価をもとにして販売価格を決めることが多く，そのときの製品原価は全部原価方式のほうが公正妥当だと考えられているのです．

　上述の例が示唆するように，「公平な割り勘計算」には，変動費だけではなく固定費も含めるのが妥当だとはいうものの，割り勘計算にはもともと「最適解」というものがないため，もし各企業の自由にゆだねますと，売り手と買い手との利害が錯綜して秩序が保てなくなると考えられます．

　そこで，学界，産業界，行政当局などいろいろな立場の識者で構成される審議会で話しあって「公正妥当な妥協解」を決めることとし，そのための配賦方法に従おうという考え方が定着したわけです．

円でよいはずだというかもしれません．

そのほかに，複写の仕事は各社が自分の従業員にやらせることにすればよいから，人件費は割り勘計算から除いて，**ウエノ商会**への請求額を

$$10 円 + 14 円 + 3.3 円 = 27.3 円 \tag{2.10}$$

とすべきだという主張もありえましょう．また，スペース利用のコストは，月額40,000円を「山分け」する（20,000円ずつ負担する）のが公平だという主張もあるかもしれません．

エナミ工房は，自分のオフィスに複写機があって便利だから，スペース・コストを多めに負担するほうが公平だという意見もあるかもしれません．

このようなことからわかるのは，経済性の比較の第1原則である「比較の対象を明確にする」ということは，実は「比較の目的をはっきりさせる」ということも含めて考えなければならないということです．経済性分析は「どの案が経済的に有利か」という損得計算を行うものであり，コストや利益を公平に分けあうための割り勘計算を行うことを目的とするものではないのです．

2.7　内外作の比較と平均コスト

上の例が示唆するように，財務会計の一環として行われる伝統的な原価計算では，いろいろな固定費を人為的に配賦することが広く行われているわけですが，こういう数値は，割り勘計算の目的にはマッチするものの，損得計算の目的には役立たないものです．ですから，そういう数値を経済性分析の資料として使いますと，誤りの原因になることが多いので注意が肝要です．

ここで，**ウエノ商会**との共同利用はなかったという状態に話を戻

したうえで，**エナミ工房**の次の例を考えてみましょう．

【例 2.4】

エナミ工房では，J複写機を賃借して数か月経ったある月のこと，仕事の都合で大判カラーコピーの必要量が急に 4,000 枚増加する（12,000 枚になる）ことが見込まれました．その増加分は前述の波野さんが月に 10 時間程度（＝4,000÷400）余計に働けばこなすことができます．この 10 時間の増加は 1 日にならすといくらにもならないので残業手当はいらないものとしましょう．

一方，この増加分については，別段機密を要するものではないので，外部の業者に委託することもできます．外注業者は，多量の複写をするため固定費の負担が小さいので，1 枚当たり 23 円で引き受けてもよいといっています．

外注に出すのと自分のところでやるのと，どちらが有利でしょうか？

この場合，もしも【例 2.3】で求めた原価計算の数値を指標にしますと，(イ)，(ロ)，(ハ) のどの値と比較しても「外注のほうが自製よりも有利」という結論になります．

しかし，ここでの比較の対象は，8,000 枚は自社でやるという前提で，「臨時の増加分 4,000 枚を自社でやるか，外注に出すか」によって，**エナミ工房**が負担するコスト総額がどれだけ変わるかということです．

この場合は，図 2.7 からわかるように，固定費の総額には変化がなく，枚数の増減に応じて変化するのは，1 枚当たり 14 円という直接変動費だけです．コピー枚数が増えても月極めの賃借料が増えるわけではないし，事務員の作業時間が増えても人件費の総額が増

2.7 内外作の比較と平均コスト

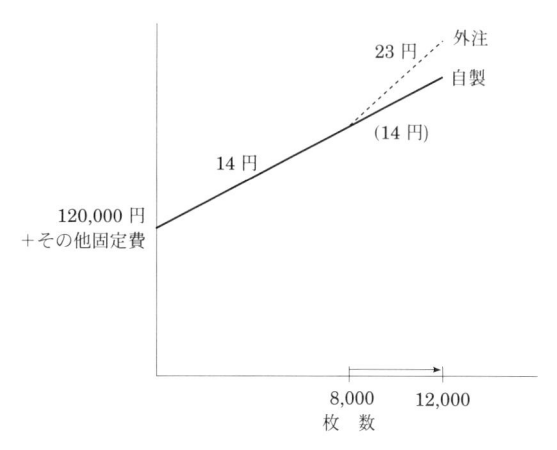

図 2.7 外注か自製かのコスト比較

えるわけではありません．また，スペースのコストも総額には変化が生じないのです．したがって，それらを除いて比較すると，自製の可変費用は 14 円であって，外注の可変費用 23 円よりは有利なのです．4,000 枚の追加コストは，次のようになり，両者の差額は，36,000 円という大きな額になります．

　　自製：14 円 ×4,000=56,000 円

　　外注：23 円 ×4,000=92,000 円

このような差額の分析は，**ウエノ商会**に 4,000 枚使用してもらっている場合も，（固定費の総額は変わりないので）同様の判定になります．

もちろん，1 枚当たりの割り勘計算の値は自製が増える分だけ影響を受けますが，そのような値にだまされず，「外注か自製か」に伴って変化するコストだけに注目するという判定法をとれば同じ結論になるのです．

> **補説** 「その他固定費」について
>
> 図 2.7 の固定費額に「＋その他固定費」と記してあるのは，人件費とスペース・コストを加算するなら「固定額で加えるべき」であり，1 枚当たりに割り算した値を変動費に加算してはいけないという意味です．そうすれば，ヒトのコストもスペースのコストも，その総額は両機種とも同額ですから，これを計算に含めても含めなくても，優劣の比較には関係なくなるのです．これは，図 2.8 の場合も同様です．

2.8 必要枚数が倍増したときの設備の取替え

上の例は，臨時の 4,000 枚を外注に出すかどうかという意思決定問題でしたが，何らかの事情で月々の必要枚数が増加して，当初の優劣分岐点を超えてしまうことがあります．次の例を考えてみましょう．

【例 2.5】

エナミ工房では，上述の複写機を入れて 5 か月たったころ，大判の複写機が営業活動の促進に大いに役立つことがわかってきたために，今後は月平均のコピー枚数をもっと増やし，PR 用のコピーも含めて，月に 20,000 枚余りにすることを検討しています．この場合は，図 2.6 に従って「機種 J をやめ，機種 K に取り替える」ほうが有利でしょうか？

それは早計です．図 2.6 のような優劣分岐分析が成り立つのは，「機種 J と機種 K とのどちらを賃借するか？」という比較の場合で

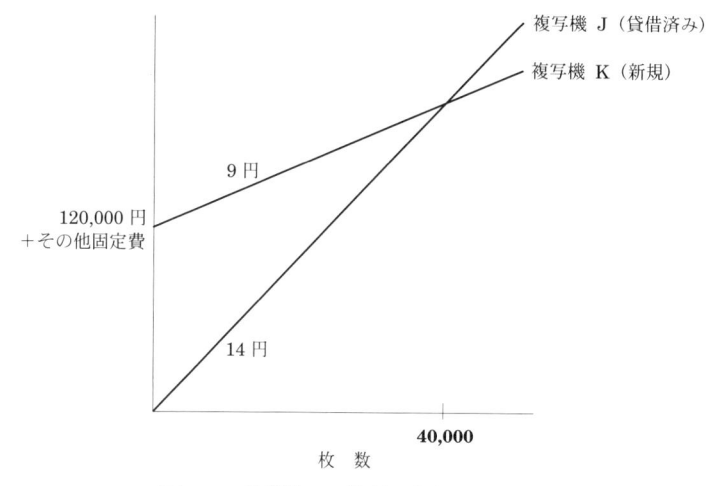

図 2.8 賃借済みの機種と新機種との比較

した．今回の例は，機種Jへの賃借料は，あと7か月は不変であり，機種Kの賃借料だけが可変要素になるのです．したがって，優劣分岐点は図2.8に示すように，40,000枚にもなるのですから，取替えをするのは不利です．

ただし，賃借契約は1年ごとに更新という条件ですから，今後7か月を過ぎた後も，依然として必要枚数が16,000枚を超えるならば，その段階では，改めて図2.6のような比較をして，機種JをKに交換することにすればよいのです．

2.9 手付金にこだわって損をする

経済的に有利な案を選ぶためには，意思決定に伴って変化する要素だけに注意を向けるべきだという基本原則は，これまでの説明で

理解できたと思いますが,人間心理の落とし穴として,過去の意思決定による費用支出にこだわって「損の上塗り」をしてしまうことがよくあります.次の例を考えてみましょう.

【例 2.6】

サラリーマンの小川さんは,郊外にマイホームを手に入れたのを機に,自分の車を持ちたいと思って,中古自動車店を見て歩いていました.ある休日のこと,最寄りの中古車センター・**オリオン商会**の店頭で,自分の望みどおりの小型車がかなり格安で売りに出ているのを見いだしました.

小川さんはこれを 80 万円(諸経費込み)で買う約束をし,手付金として 25% に相当する 20 万円を支払いました.この手付金は 2 か月間有効で,その代わり,契約をキャンセルした場合はペナルティーとして没収されるという条件になっています.

小川さんは,あとひと月余りでボーナスが出るので,それを充てるつもりでした.ところが,2 週間ほどたったときに,会社の先輩に当たる大山さんがやってきて,自分は海外出張が決まったので,手持ちの中古車を売りたいというのです.その車は**オリオン商会**と契約したものと全く同程度のものであり,大山さんはこれを 50 万円(諸経費こみ)で売ってもよいということです.

これは,小川さんにとって耳よりの話ですが,しかし今となって大山さんの車を買うことにすれば,**オリオン商会**に払った手付金 20 万円はキャンセル料として没収されてしまいます.小川さんはこう考えました.

(1) もし**オリオン商会**の車にすればあと 60 万円払えば手に入るのに対して

(2) 大山さんの車にすると,50 万円のほかにキャンセル料 20

2.9 手付金にこだわって損をする

万円を損するので,合わせて70万円のコストにつく.

小川さんはこう考えて,大山さんの車をあきらめ,**オリオン商会**の車を買うことにしました.さて,小川さんはこの意思決定によって10万円だけコスト節減をしたのでしょうか?

そんなことはなくて,小川さんは落とし穴に落ちているのです.小川さんにとっては,**オリオン商会**に手付金を払う前の意思決定と,手付金を払ってしまった後での意思決定とでは,可変費用の内容が違うのです.つまり,手付金を払ってしまった後で大山さんが左右できるのは,将来の支出額だけであり,すでに払ってしまった手付金は取返しがきかないのですから,この金額にまどわされてはならないのです(図2.9参照).

だから,過去の支出にこだわるのをやめて,大山さんの車を買うほうが10万円だけ有利だったのです.

もし小川さんが,早まって支出した手付金にどうしてもこだわって,比較計算に含めたいならば,2つのやり方のコストの総額に注意を向けて,

① 手付金を20万円払い,2週間後に**オリオン商会**に残金60万円払う:合計20万円+60万円=80万円
② 手付金を20万円払い,2週間後に大山さんの車を50万円で買う:合計20万円+50万円=70万円

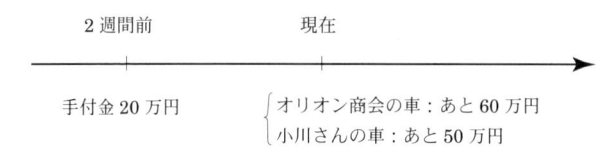

図2.9 時の経過と意思決定

という比較をすればよいのです．そうすれば，手付金20万円は，①のやり方でも②のやり方でも共通に含まれるわけですから，小川さんの車を買うほうが10万円だけ有利という結論は変わらないわけです．

埋没費用という考え方

この手付金のように，過去の支出額がその後の意思決定によって取返しがきかない状態になっているとき，これを"埋没費用（sunk cost）"と呼びます．埋没費用は，時間の経過の中で「取返しがきかなくなった」という性格の不変費用ですから，これにまどわされてはならないのです．

サンクコスト（埋もれたコスト）という言葉は，イギリスなど欧米の経営者や会計人が，油井や鉱山などへの投資コストが回収不能に陥ったときに使い始めたようです．

たとえばある先進国の企業家が300億円の投資をして「後進国」の鉱山を買収し，その数倍もの収益を得る予定だったのに，埋蔵量の予測が外れたために100億円を得ただけであとは未回収になってしまった，という出来事が，予測技術の未熟な時代にはよくあったそうです．その企業家にとって，投資コスト300億円の中の200億円は，予期に反して「埋没してしまった」コストであり，回収不能な投資であると呼んだわけです．

過去の投資額が大きいと，その未回収額をあきらめきれずに，「損の上塗り」をしがちだという事例は昔から後をたたなかったらしく，経済性分析の先駆的文献"Principles of Engineering Economy"（1930）の著者であるE.L.グラント氏は，W.G. Ireson氏との改訂共著版で，サンクコストを可変費用と混同すべきでないという説明に10余ページをあてているほどです．

設備の取替え問題

現代企業の経営者や企画・経理スタッフがよく陥りやすい類例としては，既存の設備を新設備に取り替えるときに生じる「固定資産処分損」の扱いです．次の例を見てみましょう．

【例 2.7】

ある企業では，取得原価 100 百万円（1 億円）で耐用年数 6 年の機械を 2 年間使い，定額法で償却してきたので，未償却残高が 70 百万円になっています（あとの補説を参照）．このとき，もっと自動化の進んだ新鋭設備が現れたので，これに取り替えるかどうかが問題になっています．もし新設備に取り替えると，現有設備と比べて毎年の製造費用が 30 百万円ずつ節減され，節減額の合計は，30 百万円 ×4＝120 百万円です．

新設備の価額は 80 百万円ですが，現有設備の処分価額は 10 百万円にしかならないので，70 百万円 − 10 百万円 ＝ 60 百万円が「固定資産処分損」とされます．

この場合，新設備への取替え投資額を，「新設備の価額 80 百万円プラス旧設備の処分損 60 百万円 ＝ 140 百万円」と考えますと，この取替え投資はとても採算がとれないということになります．なぜならば，取替えをした場合の製造費用の節減額は 4 年間で 120 百万円足らずだからです．

さて，このように考えるのは，果たして適当でしょうか？

この考え方には重大な誤りが含まれています．現有設備の未償却残高は，【例 2.6】の中古自動車の「手付金」と同様に埋没費用です．だからこれにとらわれず，将来のお金の流れ（キャッシュフロー）に注目しますと，取替えによる正味の投資は 70 百万円（＝80

> **補説** 減価償却の方法

定額法を採用する場合は，取得原価からその1割（10百万円）を差し引いた金額を法定耐用年数で割り算した値を減価償却費とすることになっているので，毎年度末の償却費計上額は，

$$\frac{100百万円 - 10百万円}{6(年)} = 15百万円$$

です．したがって，2年後の未償却残高（帳簿価値）は，

$$100百万円 - 15百万円 \times 2 = 70百万円$$

となります．

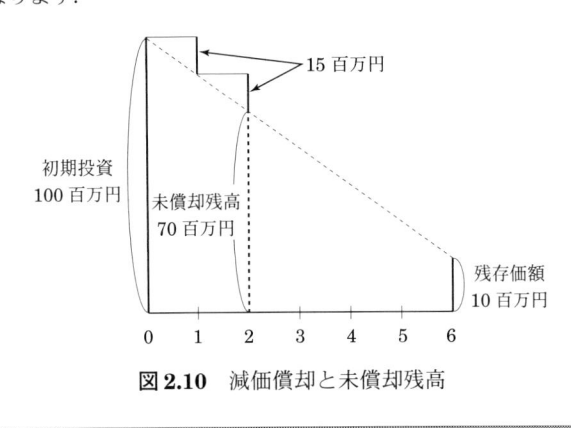

図2.10 減価償却と未償却残高

百万円－10百万円）であり，コスト節減額の合計は120百万円ですから，かなり有利のはずです．かりに，金利を無視して考えますと，取替え投資から得られる正味利益は

$$30百万円 \times 4(年) - 70百万円 = 50百万円$$

です．資本コストを考慮しますと，節減額の現在価値は若干小さくなりますが，この取替え投資がかなり有利な方策であることには変

わりありません．

構造改革と埋没費用

最近のさらに身近な例は，小泉内閣の掲げる"構造改革"への「抵抗勢力」の論陣の中にしきりに見えています．

もはや経済効果はないといわれるダム建設や，利益を生む見込みのない空港建設，採算のとれない道路建設などをめぐって，いわゆる建設推進派は異口同音に次のように言い立てています．「これまでにこんなにお金をつぎ込んだプロジェクトを，ここでやめるわけにはいかない．巨額の投資が回収不能に陥って大損害になるから，工事を継続しなければならないのだ，……」．

建設推進派が言い立てる議論を聞いていますと，「過去の投資にこだわって，損の上塗りをしてはならない」という埋没費用の原則をしっかり学んでほしいものだと，しきりに思われるのです．

第3話
利益の生まれる仕組み
利益計画の経済性分析

　第2話では，販売側の条件は決まっているという前提のもとで，コストの考え方を説明しました．しかし現実の企業では，製品や商品の販売面についても一緒に検討する場合が少なくありません．また，複数製品の有利さの比較や，最適な製品ミックスの検討も必要ですし，製品の需要と供給力との関係や制約条件を考えることも重要です．

　一般に，利益というのは，

　　　　利益＝収益－費用

という算式で求められるものですから，その分析には，費用（支払うお金）と収益（受け取るお金）との双方に注意を払いながら，比較の基本原則として，

① どういう目的で，何と何を比較するのかという「比較の対象を明確に」し，
② 意思決定に伴って変化する要素，つまり「可変的な費用および収益に注目」する，

という原則を守ることが大切です．

3.1　受注計画の利益分析

　はじめに，すでに存在する事業部門での意思決定問題を取りあげましょう．次の数値例について考えます．

【例 3.1】

かわだ工業株式会社は，国内の大手電機メーカー向けに，ある共通部品を製造・販売する小さな会社です．同社は，生産と物流システムの改善を進めた結果，今では生産能力にかなりの余裕が出てきました．そのうえ国内需要が頭打ちになって，むしろ減少傾向を見せ始めています．同社の生産能力（キャパシティー）は月産7,000ダースまで可能ですが，最近の月産（月平均の生産販売量）は5,000ダースであり，経理資料によりますと，1ダース当たりの製造原価は表3.1のように55,600円です．同表の③〜⑤は，月間の固定費額を数量（5,000ダース）で割り算したものです．

国内での製品売価は，1ダース当たり70千円（7万円）ですから，月間売上高は350,000千円です．利益は1ダース当たり14,400円，月額72,000千円得られています．

表3.1 ダース当たりのコスト計算

費　　目	ダース当たりコスト
① 材　料　費	20,000 円
② 変 動 経 費	5,000 円
③ 直接労務費	12,000 円
④ 間接諸経費	10,000 円
⑤ 減価償却費	8,600 円
合　　計	55,600 円

さて，いま同社では，アジアの某国へ毎月1,500ダースずつ輸出することの可否について検討しています．輸出する場合は，販売単価から関税や運賃その他の物流直接費を差し引いた手取り収益は，1ダース当たり48,000円，つまり国内販売の場合と比べて3割余り低い単価になるということです．

同社は輸出のために1,500ダースの増産をすべきでしょうか，それともやめるべきでしょうか？

このような問題を解く場合に，もし表3.1のような単位当たり原価情報を目安にしますと，輸出製品からの利益は，ダース当たり
$$48,000 円 -55,600 円 =-7,600 円$$
つまり，7,600円ずつの赤字になり，月間1,500ダースでは11,400千円の損失ということになります．これではとても採算がとれないから，この輸出は断るほうが有利だ，とこう考えるべきでしょうか？

それは間違いです．表3.1のようにして求められた1ダース当たり55,600円という平均コストの中には，「輸出をするか，しないか」という意思決定に伴って変化する費用（可変費用）と変化しない費用（不変費用）とが混ざっています．そういう「どんぶり勘定」をするのではなく，もっと別の計算が必要なのです．

3.2 既存事業の利益構造

利益構造はどうなっているか

かわだ工業の生産工場は，投資済みの土地，建物，設備と，雇用済みの従業員でやっています．ですから，第2話で説明した「比較の基本原則」に従って，既存事業の可変費用を考えますと，表3.1の費用のうち，①の材料費と，②の変動経費だけが生産・販売量に比例する可変費用です．

固定費の月額は，表3.1の③，④，⑤の値にそれぞれ5,000を掛けたものですから，合わせて
$$60,000 千円 +50,000 千円 +43,000 千円 =153,000 千円$$

```
         収
         益
         ・                                        ╱
         費                                      ╱
         用                                    ╱
                                             ╱  ⌢ 72,000 千円
                                           ╱ ╱
                                         ╱ ╱
                              25 千円  ╱ ╱
                                     ╱ ╱ ─────────────
                                   ╱ ╱
                       ╱─────────╱
         153,000 千円 ╱         ╱
                                 70 千円
                              3,400   5,000
                              生産・販売量（ダース）
```

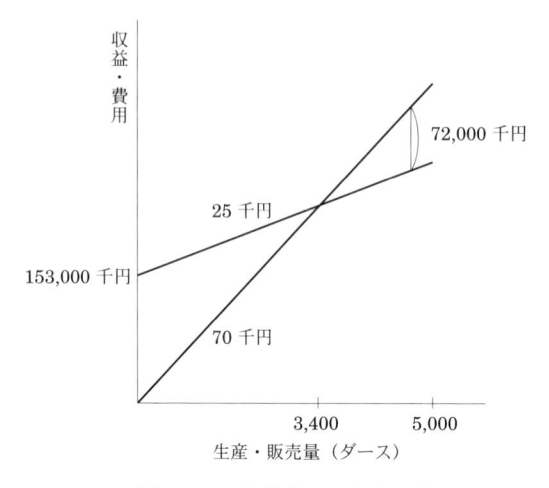

図 3.1　国内事業での利益図表

です．また，変動費は 1 ダース当たり 25 千円ですから，月額総利益の生じ方は図 3.1 のような構造になります．

したがって，現状での月額総利益は，

（70 千円 − 25 千円）×5,000−153,000 千円

　　=225,000 千円 −153,000 千円 =72,000 千円　　　(3.1)

です．

安値の受注で利益を増やす

上のような仕方で利益構造をとらえておけば，現状よりも 1,500 ダース増産して単価 48 千円で受注することの経済性を知ることは容易です．

つまり，ここで輸出を伸ばすことによって増加する費用（可変費用）は，図 3.2 に示すように，1 ダース当たり 25 千円だけですか

ら，輸出品の価格が 48,000 円であっても，なお 1 ダースにつき 23,000 円ずつの粗利益が生じるのですから，輸出を引き受けるほうが有利なのです．もし輸出のための特別の投資を考えなくてもよいとすれば，現在よりも

$$(48 \text{千円} - 25 \text{千円}) \times 1{,}500 = 34{,}500 \text{千円} \tag{3.2}$$

補説　損益分岐点図表という呼び名

図 3.1 から，かわだ工業の損益分岐点，つまり正味利益をゼロにするような操業水準 x を知ることができます．それは，

$(70 \text{千円} - 25 \text{千円})x - 153{,}000 \text{千円} = 0$

∴ $x = 153{,}000 \text{千円} \div 45 \text{千円} = 3{,}400$（ダース）

となります．

世間では，この図 3.1 や，図 3.2 以下のようなタイプの分析を"損益分岐点分析"と呼び，このような図表を"損益分岐点図表"と呼ぶ解説がかなり出回っています．しかし，これはあまり適切な用語法とはいえないのです．

なぜならば，利益構造の分析は「利益がゼロになる操業水準」だけに関心があるのではなく，たとえば，現在の需要のもとで可能な利益額はどれだけかとか，目標利益を達成するための必要操業度はどれだけかとか，費用や収益の改善が必要な度合いはどうか，……など，利益をめぐる多様な分析に関心が持たれるからです．

だから，利益図表とか，利益構造図というシンプルな呼び方のほうがベターなのです．

なお，管理会計の専門文献では，「費用・操業度・利益の関係」(cost-volume-profit relationship) の分析，略して CVP 分析，ないし CVP 図表という用語も使われています．少し堅苦しい表現ですが，損益分岐点図表というよりはベターでしょう．

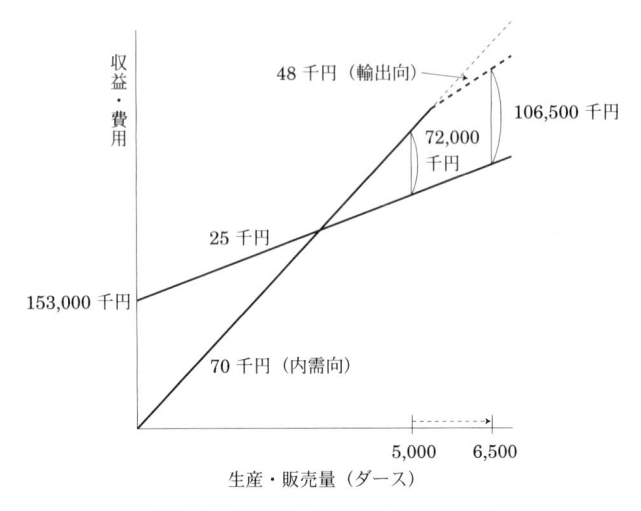

図中ラベル:
- 収益・費用
- 48 千円(輸出向)
- 106,500 千円
- 72,000 千円
- 25 千円
- 153,000 千円
- 70 千円(内需向)
- 5,000 6,500
- 生産・販売量(ダース)

図 3.2 輸出をする場合の利益図表

の利益増になり,月額利益は

$$72{,}000 \text{ 千円} + 34{,}500 \text{ 千円} = 106{,}500 \text{ 千円} \tag{3.3}$$

になるのです.

3.3 手余り状態と手不足状態

上の例は,かわだ工業の生産能力(キャパシティー)に余裕があるということに注意する必要があります.

製品の需要と比べてキャパシティーが余っている状態を「手余り状態」(over capacity)と呼びます.

短期的な視野での意思決定問題では,キャパシティーが不足するからといって,直ちに設備を増設したり,正規社員を増員したりすることはできないのが普通です.また,キャパシティーが余ってい

るからといって直ちに設備や人員を減らして工場を縮小するということもできません．したがって，製品の需要の大きさが生産キャパシティーとちょうど一致するということは，むしろまれです．

一般に，扱う製品分野が成熟期になり，景気も低迷しているときには製品の需要と比べてキャパシティーを余らせる手余り状態になりがちです．1990年代の日本企業の多くは，バブル経済崩壊による不況期に突入したといわれていますが，その実態は，バブル経済期に拡大したキャパシティーと比べて需要が軒並み低迷して，日本中にオーバーキャパシティーの企業が蔓延したというわけでした．

これに対して，一部のIT業種やバイオ・ビジネスのように，成長製品を扱っていて景気も上昇気味だというときには，製品の需要と比べてキャパシティーが不足するという状態になることが珍しくありません．こういう状態を「手不足状態（under capacity）」と呼びます．両種の状態を図解しますと，図3.3のようになります．

〈手余り状態〉

需要量 ┠─────────────────────┨

キャパシティー ┠─────────────────────────┨　過剰能力

〈手不足状態〉

需要量 ┠─────────────────┨

キャパシティー ┠───────────────────┨　不足能力

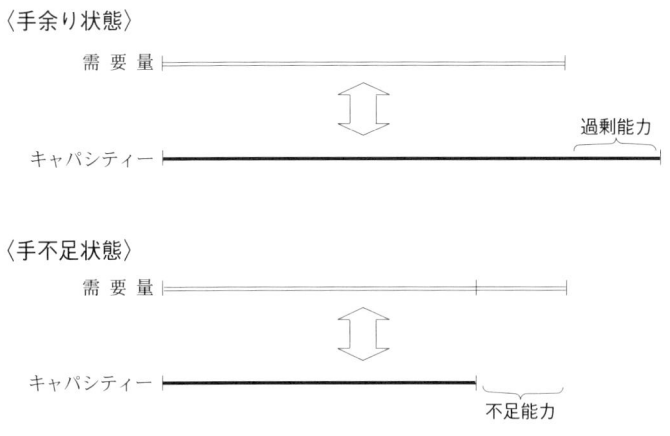

図3.3 手余り状態と手不足状態

次に，手不足状態の場合の経済性評価の例を考えてみましょう．

【例 3.2】

上例のかわだ工業のキャパシティーは 5,000 ダースに制限されている場合を想定しましょう．現状では，国内向けの需要が十分大きくて，キャパシティーいっぱいの 5,000 ダース生産しても需要をまかないきれない，つまり手不足状態になっています．このとき，前例と同様に，アジアの某国から，単価 48,000 円で月々 1,500 ダース輸出してほしいという注文が入ったとすると，これを引き受けるのは有利でしょうか，不利でしょうか？

それはもちろん不利です．手不足状態のときに輸出の注文を引き受けてしまうと，国内向けの市場で 1 ダースにつき 70 千円ずつ得られる収益のうち 1,500 ダース分を放棄して，48 千円で売ることになるわけで，しかもコストの総額は変わらないのですから，採算がとれないことになります．

つまり 1,500 ダースの輸出を引き受けると，それを引き受けない場合と比べて，

$$(48 千円 - 70 千円) \times 1{,}500 = -33{,}000 千円 \tag{3.4}$$

つまり 33 百万円の利益減になるのです．

3.4 新規事業部の利益計画

61 ページの補説をお読みになった読者は，昔から利益計画の中心だとされてきた"損益分岐点分析"という方法を軽視するように見える，と感じられたかもしれません．

しかし著者がいいたいのは，損益分岐点の分析が不要だというこ

補説　収益・費用と収入・支出

実務では，収益・費用という言葉と収入・支出という言葉が，あまり区別なく使われることが多いですが，会計用語としては以下のように使い分けられています．

"収入（receipt）"という言葉は，お金の流入そのものを指すのに対して，"収益（revenue）"という言葉は，事業活動の成果として稼得した価値額（稼いだ金額）の意味で使います．

また，"支出（expenditure）"という言葉はお金の流出そのものを指すのに対して，"費用（expense; cost）"という言葉は，事業活動（収益を稼ぐための活動）で犠牲に供する価値額という意味に使われます．

たとえば，増資をしたり，銀行借入をしたり，社債発行をしたりすると，収入（現金の流入）が生じますが，その収入は，「元手」そのものの流入であり，稼いだお金ではありませんから収益には含めません．同様にして，株主に配当したり，銀行に借金を返済したりすると支出が生じますが，それは元手そのものの流出であって，事業活動で犠牲にした金額ではありませんから，費用とは呼ばないのです．

事業活動で費やされる材料費や仕入代価や，労務費，外注費，消耗品費，広告費，物流費，……などの支出は費用であり，製品や商品を販売した対価として受け取る収入は収益です．

経済性分析や管理会計でも，ほぼ上述と同様のコンセプトを使いますが，厳密には"キャッシュフロー"に注意を向けるという点に特徴があります．つまり，支出を伴う費用をキャッシュ・アウトフローと呼び，収入を伴う収益のことをキャッシュ・インフローと呼びます．たとえば，設備投資のための支出額はキャッシュ・アウトフローですが，財務会計では"減価償却費"として「費用の期間配分」をするなどの違いがあります．

とではなくて，次の2つのことを心得ているべきだということです．

その1つは，損益分岐点分析が役立つのは，変動費と固定費とが両方とも「可変費用」になるケース，つまり新規の事業計画を立てたり，事業の再構築をしたりするようなケースにおいてだということです．前節のかわだ工業の事例のように，既存の事業所での短期計画の問題では，固定費は不変費用であり，「操業水準が損益分岐点に達しなければ事業をやめるか？」といった検討をしているのではないのです．

もう1つは，新規事業の計画であっても，「利益がゼロになる点」を知ることは，利益計画のほんの一部にすぎないということです．

実際の企業で新規の事業計画を立てるときには，とりあえず最も確からしい予測（これを最尤予測といいます）のもとで達成可能な利益を推定しますが，通常はそれでおしまいにするのではなく，売価，変動費，固定費，操業水準という基本ファクターについて，いろいろな感度分析をすることが重視されます．

こういったことを，もっとよく理解するために，別の事例を使って考えることにしましょう．

新規事業の利益構造分析

新規事業部の利益計画について考えましょう．

【例3.3】

タイガー・コスメティック株式会社では，最近開発した美肌浴用剤"バイオ・エレガンス"を商品化するために，バイオ・エレガンス事業部を新設することを検討中です．

新製品"バイオ・エレガンス"の1ケース当たり予定販売価格

（流通業者への卸売価格）は600千円（60万円）であり，営業費用の内容は表3.2のようです（当製品部では6ダース入りのケースを生産販売の1単位としています）．

製品には形，色，用途などを異にする数種類のものがありますが，価格，費用，加工時間などはほとんど同じなので，経済性の評価・分析では1種類の製品とみなしてかまいません．

材料費・消耗品費と，製造および販売部門の直接経費とを合わせた金額（これらを合わせて変動費と呼びます）は1ケース当たり200千円です．固定費は月間総額が500,000千円（5億円）ですが，原価計算上は生産販売量で割り算して製品に配賦してあります．これらの費用は，本社費および資本コストを差し引く前の営業費用です．

事業企画スタッフの予測では，月間の生産能力は正規時間で2,000ケースであり，操業水準が2,000ケースを超える場合は，500ケースまで残業生産が可能です．残業手当は製品1ケース当たり70千円かかるため，残業生産の場合の変動費は1ケース当たり270千円になります．

表3.2 新規事業の原価計算

費　　目	ケース当たり費用（正規時間）
① 材料費・消耗品費	120千円
② 製造直接経費	30千円
③ 販売直接経費	50千円
④ 直接労務費（200百万円÷2,000）	100千円
⑤ 間接諸経費（140百万円÷2,000）	70千円
⑥ 減価償却費（160百万円÷2,000）	80千円
合　　計	450千円

製品需要は，当面は月平均2,000ケースと予想されており，表3.2はこの操業水準の場合の計算を示してあります．

また，ほどなく新製品の知名度が上がって，月産2,500ケースというフル操業になるものと期待しており，その場合の製品1ケース当たりの固定費負担額は，

　　　　500,000千円÷2,500（ケース）＝200千円

になりますから，1ケース当たり製造原価は470千円（＝270千円＋200千円）になると考えています．

さて，この事業部の費用や収益の内容が現状のまま続く場合を想定したうえで，利益の生まれる仕組みを整理し，わかりやすく図解する方法を考えましょう．

利益の生まれ方を調べる

表3.2のように，財務会計制度の一環として行われる原価計算では，変動費のほかに固定費も配賦した「全部原価計算」を行います．

しかし，そのような財務会計の数値は，割り勘計算にはふさわしいものの，以下に例示するような意思決定問題には正しく答えてくれません．

新規事業の利益構造を考える場合は，まず以下のような設問に答えやすいような計画利益図表を描くことから始めるのがよいでしょう．

［設問1］　当事業部の月間営業利益がプラスになるためには，月間の操業水準がいくら以上なければならないか？

［設問2］　月間2,000ケースという当面の操業水準のもとでは，月額営業利益はどれだけになるか？

［設問3］　もしフル操業するほど需要がある場合は，月額営業利

3.4 新規事業部の利益計画

益はどうなるか？

分析の準備として，コストを変動費と固定費に分解して，必要な数値を整理しなおしますと，下のようになります．またこれを表の形に整理しなおしますと表 3.3 のようになります．

	$0 \leq x \leq 2{,}000$	$2{,}000 < x \leq 2{,}500$
1 ケース当たり販売収益	600 千円	600 千円
正規時間の変動費	200 千円	200 千円
残業時間の変動費	0	70 千円
1 ケース当たり限界利益	400 千円	330 千円
固定費（月額）	500,000 千円	

こういった資料から，3 つの設問に答え，利益の生まれる仕組みを図に示すと，図 3.4 のような利益図表になります．

3 つの設問に答えて，図 3.4 の利益図表を描くための計算を示しますと，以下のようです．

［設問 1］は，いわゆる損益分岐点を求める問題です．月間の純利益を Z としますと，求められる生産販売量は次のようです．

$Z = (600 \text{ 千円} - 200 \text{ 千円})x - 500{,}000 \text{ 千円} \geq 0$

∴ $x \geq 500{,}000 \text{ 千円} \div 400 \text{ 千} = 1{,}250 \text{（ケース）}$ (3.5)

この 1,250 ケースという値は，操業水準がそれより小さければ損失になり，それより大きければ利益になるという分かれ目になる点ですから，「損益分岐点」と呼ばれます．

［設問 2］は，正規時間いっぱいの操業水準で稼得できる利益額を知ろうという問題ですから，月間の利益 Z は，次のように求められます．

$Z = (600 \text{ 千円} - 200 \text{ 千円}) \times 2{,}000 - 500{,}000 \text{ 千円}$

$800{,}000 \text{ 千円} - 500{,}000 \text{ 千円} = 300{,}000 \text{ 千円}$ (3.6)

表 3.3 利益構造を示す表

	月産2,000ケースの場合		残業による500ケースの場合		合 計
	1ケース当たり（千円）	月 額（千円）	1ケース当たり（千円）	月 額（千円）	月 額（千円）
販売収益	600	1,200,000	600	300,000	1,500,000
変動費					
材料費・消耗品費	120	240,000	120	60,000	300,000
製造直接経費	30	60,000	30	15,000	75,000
販売直接経費	50	100,000	50	25,000	125,000
残業手当	0	0	70	35,000	35,000
小　計	200	400,000	270	135,000	535,000
粗利益	400	800,000	330	165,000	965,000
固定費					
直接労務費		200,000			200,000
間接諸経費		140,000			140,000
減価償却費		160,000			160,000
小　計		500,000			500,000
月間総費用		900,000		135,000	1,035,000
月間営業利益		300,000		165,000	465,000

［設問3］は，正規時間のほかに残業もしてフル操業で稼得できる利益額を知ろうとする問題ですから，次のようになります．

$$Z = (600 \text{千円} - 200 \text{千円}) \times 2{,}000$$
$$+ (600 \text{千円} - 270 \text{千円}) \times 500 - 500{,}000 \text{千円}$$
$$= 800{,}000 \text{千円} + 165{,}000 \text{千円} - 500{,}000 \text{千円}$$
$$= 465{,}000 \text{千円} \tag{3.7}$$

3.4 新規事業部の利益計画

収益・費用

465,000 千円

300,000 千円

270 千円

200 千円

500,000 千円

600 千円

1,250　2,000　2,500
生産販売量

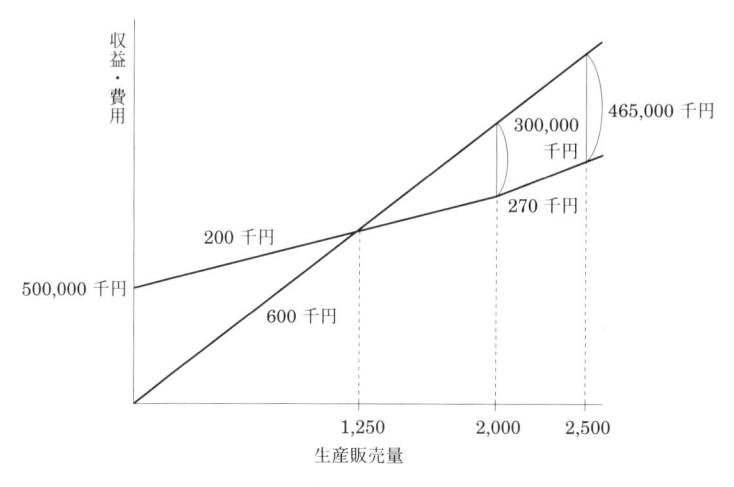

図 3.4　新規事業の利益図表

限界利益図表

営業利益が生まれる仕組みを表す図表の描き方は，図 3.4 だけということはありません．分析目的に応じていろいろな図を工夫してよいのです．

別の図表の代表例は，限界利益図表と呼ばれるものです．図 3.5 に示したのがその例です．

3 つの設問に答えたプロセスからわかるように，利益構造の分析のためには，販売価格から変動費だけを差し引いた粗利益（別名"限界利益"）を知ることが常に重視されています．たとえば，

　　　損益分岐点＝固定費÷単位当たり限界利益

　　　正規時間の営業利益

　　　　＝限界利益×月間生産販売量－月間固定費

といった具合です．

補説 粗利益，限界利益，貢献利益

　一般に，販売収益から変動費を差し引いた金額を"粗利益 (gross margin)"と呼びますが，これとほとんど同じ意味で"限界利益 (marginal profit)"という言葉も使われています．

　ただし，理論的に厳密な分析をするときの経済用語としては，限界利益とは，ある活動水準 (activity level)——たとえば生産量，販売量，売上金額，投入時間，投資金額，などの大きさ——を1単位変化させた場合の利益の変化分を意味する言葉です．限界費用とか限界収益という場合も同様です．

　したがって，たとえば操業水準を増加させるにつれて商品の売価を引き下げ，単位当たり粗利益を下げていくという場合は「限界利益が逓減する」といいます．このように，限界利益という言葉は本来は利益の変化分を指す用語なのですが，最近の経営実務では粗利益と同じ内容のものを限界利益と呼ぶ場合も多いのです．

　管理会計の分野では，"貢献利益 (contribution margin)"という言葉もよく使われます．この用語も粗利益とほぼ同じ意味に使われることが多いのです．バイオ・エレガンス事業部を例にしますと，1ケース当たり400千円という粗利益は，操業水準の低い段階では固定費の回収に貢献し，固定費を回収し終わった後（つまり損益分岐点を超えた後）は利益を上げることに貢献するという性格を持っています．このような経営上の意味を強調するために貢献利益という用語が広まったのです．

　実務では，業績評価の尺度として，ある部門またはプロジェクトが，全社利益に対してどれだけ貢献したかを示す指標として貢献利益または利益貢献額という数値が使われる場合もあります．その場合は，一定期間のその部門の粗利益合計からその部門固有の固定費（直接固定費）を差し引いた値を貢献利益と呼ぶのが普通です．

3.5 目標利益を上げるための分析　　73

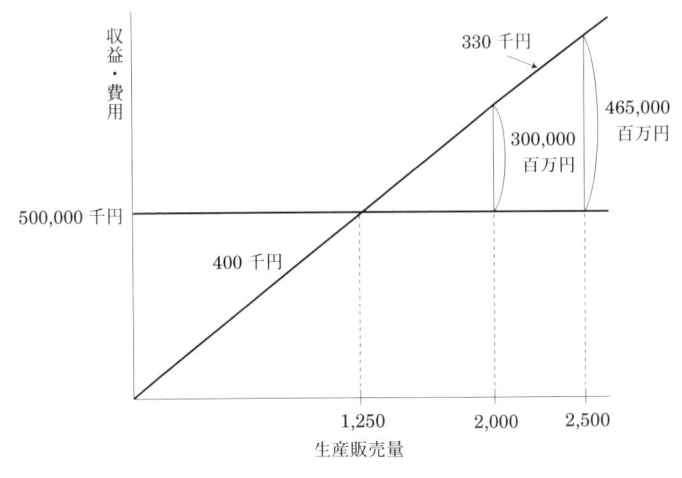

図3.5 限界利益図表

そのように限界利益を用いた計算プロセスを見えやすくするためには，限界利益図表が便利なのです．

実務では，問題のタイプによって，利益図表か限界利益図表かどちら見やすい図を使い分けてかまいませんが，3.6節のマーケティング計画の事例については，両種の利益図表を示しておくことにしましょう．

3.5 目標利益を達成するための分析

利益図表は，売価，変動費，固定費，操業水準という4つのファクターから成り立っているのですから，単に損益分岐点（利益ゼロの点）を求めるだけではなく，もっといろいろな分析に応用することが可能です．ここで，いくつかの応用例を示しておきましょう．

目標達成に必要な固定費の水準
【例3.4】
 バイオ・エレガンス事業部の企画スタッフは，その資産規模や類似事業の実例を参考にして，正規操業水準（月間2,000ケース）のもとでの営業利益を360百万円（売上高1,200百万円の30%）以上得たいと望んでいます．製品の売価および変動費が予測どおりであるとき，この目標を達成するためには，固定費をどこまで下げなければならないでしょうか？

 このように，目標利益を計画担当者の最尤見積り（最も確からしいと考える見積額）よりもあえて高めに設定することは，経営政策上よくあることです．その場合は，とりあえずそのほかの条件は当初の見積りどおりと仮定したうえで試算してみることが有用です．

 いま目標営業利益360百万円を得るための固定費の許容限度額をCとおきます．Cは次式によって求めることができます．

$$(600 千円 - 200 千円) \times 2,000 - C \geqq 360,000 千円$$
$$\therefore \quad C \leqq 800,000 千円 - 360,000 千円$$
$$= 440,000 千円 \tag{3.8}$$

 つまり，1期当たりの固定費総額を当初の見積額500百万円よりも60百万円（12%程度）節減することが必要です（図3.6の破線を参照）．

 あとは，設備投資のハードウエアの検討とか工事を依頼する企業との交渉など，現業部門に工夫を指示することになるでしょう．

目標利益と変動費の許容水準
【例3.5】
 製品の売価と固定費は，とりあえずは予測どおりですが，変動費

3.5 目標利益を上げるための分析

[図: 収益・費用と生産販売量のグラフ。300,000千円、360,000千円、200千円、500,000千円、440,000千円、600千円、1,250、2,000の数値が示されている]

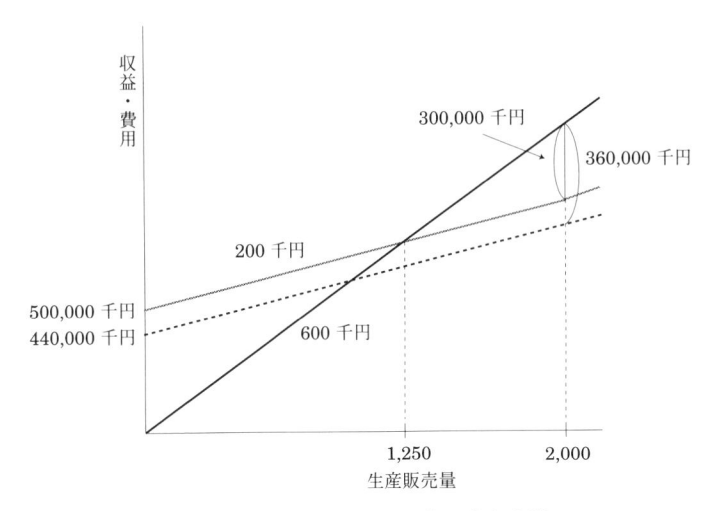

図3.6 目標利益と固定費の許容水準

についてはまだ引下げの余地がありそうだという場合を考えましょう．その場合，正規操業水準のもとで月平均営業利益を360百万円以上にするためには，単位当たり変動費をいくら以下に押さえなければならないでしょうか？

目標営業利益を360百万円以上にするための単位当たり変動費の許容限度を v とおきますと，v は次の式で求めることができます．

$$(600千円 - v) \times 2,000 - 500,000千円 \geqq 360,000千円$$
$$600千円 - v \geqq 860,000千円 \div 2,000$$
$$\therefore \quad v \leqq 600千円 - 430千円 = 170千円 \tag{3.9}$$

つまり，製品1ダース当たり変動費を当初の見積額200千円よりも30千円（15％あまり）節減することが必要です（図3.7の破

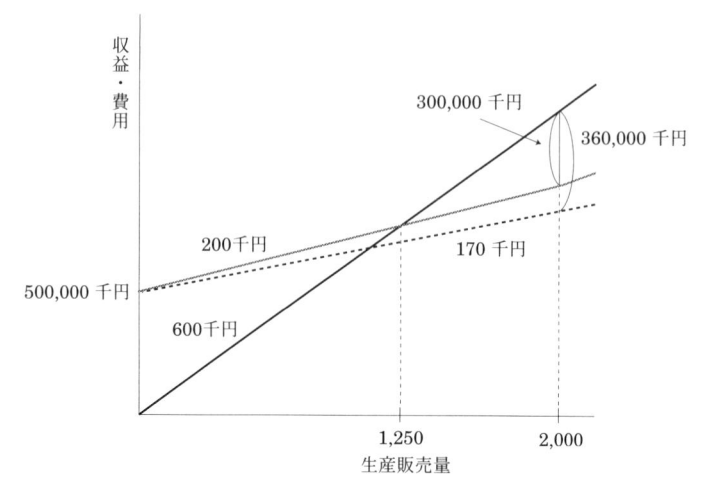

図3.7 目標利益と変動費の許容水準

線を参照).

複数の不確定要因への配慮

前節では,利益構造を決める4つの要因のうちどれか1つだけが不確実であるという場合を想定しました.現実には,不確実性への配慮が2つ以上の要因について必要だという場合もあるので,応用例を1つあげて考え方を整理しておきましょう.

【例 3.6】

バイオ・エレガンス事業部の利益計画では,高価な設備を使って固定費を余計に負担すれば変動費を安くすることができるし,固定費を節約すると変動費が割高になるというように,トレードオフの関係になっている,という場合を想定しましょう.この場合,目標

3.5 目標利益を上げるための分析

営業利益を360百万円以上上げるためには，変動費と固定費の組合せをどのようにすればよいでしょうか？

この場合は，目標利益を求める算式は次のように2つの未知数を含むことになります．

$$(600 \text{千円} - v) \times 2{,}000 - C \geqq 360{,}000 \text{千円}$$
$$\therefore \quad C \leqq 840{,}000 \text{千円} - 2{,}000\,v \tag{3.10}$$

この式をもとに，変動費 v と固定費 C とがいろいろ変化するときに目標利益360百万円を達成する諸点をグラフに示しますと，図3.8のようになります．(3.10)式は線形（1次式）ですから，たとえば変動費 v が220千円のときの固定費 C は400百万円，変動費 v が180千円のときの固定費 C が480百万円というように2つの点を求め，これらの2点を直線で結べば図3.8が得られます．

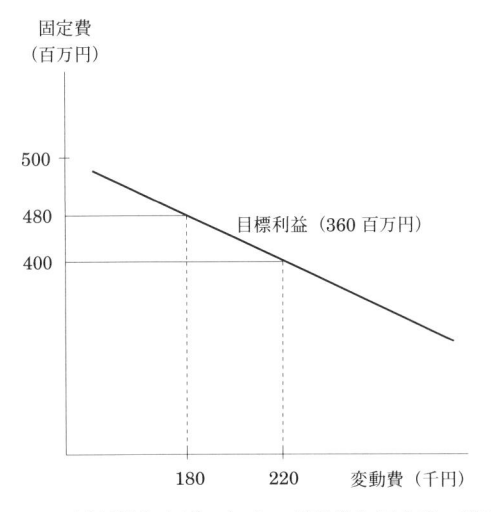

図 3.8 目標利益を上げるための変動費と固定費の許容額

もし目標利益を 360 百万円よりも高くしたり，低くしたりする場合は，同図の破線と平行に何本も線を引いて検討すればよいのです．

3.6 マーケティング計画の経済性分析

利益計画のための計算や作図をするのは，現状分析のためだけではなく，利益拡大のための政策決定を支援するためです．ここでは，マーケティング計画の事例に重点をおいて，利益拡大政策を支援する経済性分析のこつを学ぶことにしましょう．

広告宣伝の経済性
【例 3.7】
タイガー・コスメティック会社のバイオ・エレガンス事業部は無事に発足し，半年ほどは操業水準 2,000 ケースの事業を営んできました．

いま同事業部では，営業企画部が中心になって次の四半期のマーケティング計画を練っています．営業企画部の意見によると，広告予算を月額 80 百万円支出して広告宣伝を行えば，月々の販売数量を 2 割増しにする（2,400 ケースにする）ことができるということです．この予測が正しいとすると，この方策によって月間の営業利益はどれだけ増加（または減少）するでしょうか？

この方策を採用しますと，それをやらない場合と比べて，残業生産による粗利益が

$$(600 千円 - 200 千円 - 70 千円) \times 400 = 132,000 千円 \tag{3.11}$$

3.6 マーケティング計画の経済性分析　　79

増加しますが，広告宣伝のための費用支出が 80 百万円生じますから，正味の追加利益は

　　　132,000 千円 − 80,000 千円 = 52,000 千円

となり，月間の営業利益は

　　　300,000 千円 + 52,000 千円 = 352,000 千円

となります．

このような利益増加の様子を，利益図表および限界利益図表で表しますと，図 3.9 の (a) および (b) のようになります．

OEM 生産による操業度アップの計画
【例 3.8】

同上のバイオ・エレガンス事業部では，生産余力を有効利用するための方策として，OEM 生産（相手先ブランドによる生産）をすることを検討しています．それは，専門商社のはなだ物産を通じて，この製品を通常価格の 30% 引き（420 千円）の売価で OEM 生産するというものです．

もしこの申し入れ価格で OEM 受注をすると，自社ルートの販売量（2,000 ケース）に影響させることなしに，月産 500 ケースずつを売ることができます．この OEM 生産の分は，物流コストが節約されるため，変動費が 1 ケース当たり 20 千円節約されます．そのほかの条件は現状と同じであり，契約はとりあえず 1 四半期ということです．この注文に応じると，月間利益はどれだけ増加（または減少）するでしょうか？

OEM 生産の注文を引き受けて，30% 引きの 420 千円で 500 ケース販売する場合の営業利益の増分は，次のようになります．

　　　{420 千円 − (270 千円 − 20 千円)} × 500

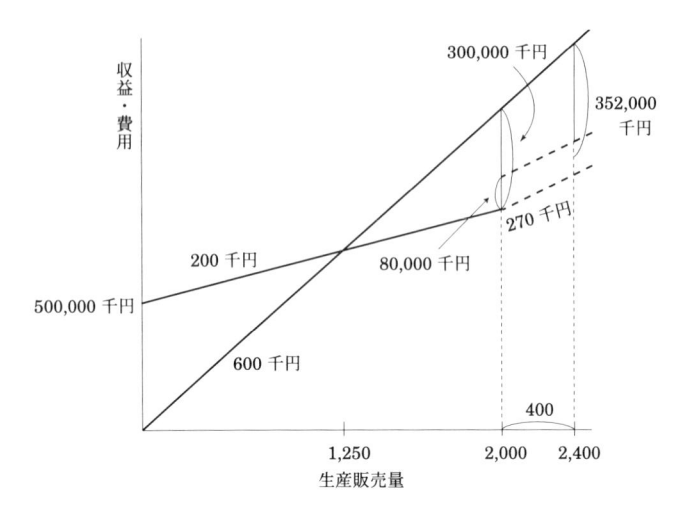

80　　　　　　　　　　　第 3 話　利益の生まれる仕組み

図 3.9 (a)　広告宣伝効果の利益図表

(グラフ中の記載:
収益・費用／生産販売量
500,000 千円
200 千円
600 千円
80,000 千円
300,000 千円
270 千円
352,000 千円
1,250　2,000　2,400
400)

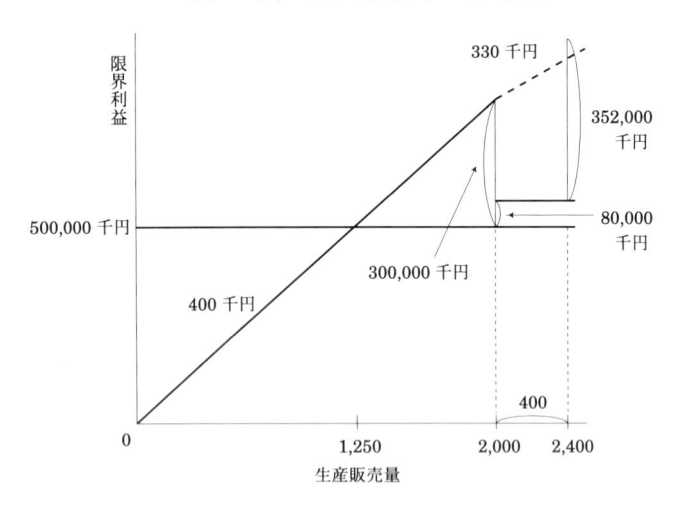

図 3.9 (b)　広告宣伝効果の限界利益図表

(グラフ中の記載:
限界利益／生産販売量
500,000 千円
400 千円
330 千円
300,000 千円
352,000 千円
80,000 千円
0　1,250　2,000　2,400
400)

$$= 170 \text{千円} \times 500 = 85{,}000 \text{千円} \tag{3.12}$$

この結果，営業利益は図 3.10 の (a) および (b) のようになります．

全製品を値下げして拡販する政策
【例 3.9】

同じくバイオ・エレガンス事業部では，上記の方策とは別に，全製品の販売価格を値下げして拡販を図るという方策も検討しています．営業企画部からは，売価を 15% 引き下げれば（単価 510 千円にすれば）ライバル会社との競争優位を保てるので，販売数量を 25% 増加させ，フル生産の操業水準をキープすることができるという提案が出されています．この営業企画部の予測が確かだとすると，この値下げによる拡販政策は月間利益をどれだけ増加（または減少）させることになるでしょうか？

全製品を値下げして操業水準を 500 ケース増やす（2,500 ケースにする）場合の営業利益は，下記のようになります．

$$\begin{aligned}
&(510 \text{千円} - 200 \text{千円}) \times 2{,}000 + (510 \text{千円} - 270 \text{千円}) \\
&\quad \times 500 - 500{,}000 \text{千円} \\
&= 620{,}000 \text{千円} + 120{,}000 \text{千円} - 500{,}000 \text{千円} \\
&= 240{,}000 \text{千円}
\end{aligned} \tag{3.13}$$

このように値下げによる拡販政策をとる場合の営業利益と，現状の価格政策のもとでのそれとを比較しますと，営業利益の増分は，

$$240{,}000 \text{千円} - 300{,}000 \text{千円} = -60{,}000 \text{千円}$$

となり，この拡販方策は不利だということがわかります．

この様子を利益図表および限界利益図表に表しますと，図 3.11 の (a) および (b) のようになります．

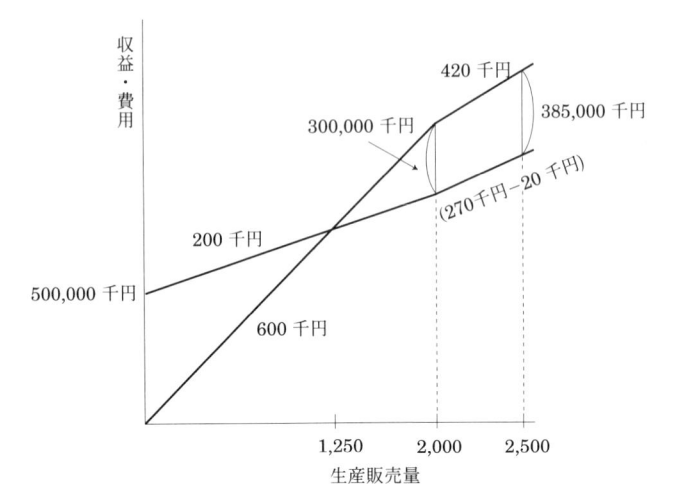

82　　第3話　利益の生まれる仕組み

図 3.10 (a)　OEM 受注計画の利益図表

縦軸：収益・費用
横軸：生産販売量

- 500,000 千円
- 200 千円
- 600 千円
- 420 千円
- 300,000 千円
- 385,000 千円
- (270千円−20千円)
- 1,250
- 2,000
- 2,500

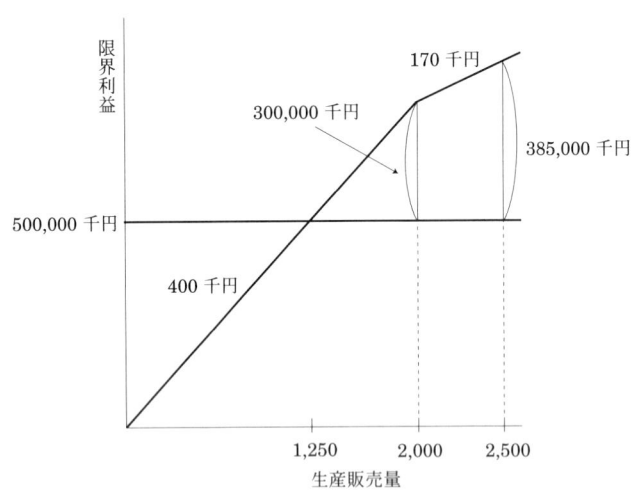

図 3.10 (b)　OEM 受注計画の限界利益図表

縦軸：限界利益
横軸：生産販売量

- 500,000 千円
- 400 千円
- 170 千円
- 300,000 千円
- 385,000 千円
- 1,250
- 2,000
- 2,500

3.6 マーケティング計画の経済性分析

収益・費用

300,000 千円
600 千円
240,000 千円
270 千円
200 千円
500,000 千円
510 千円

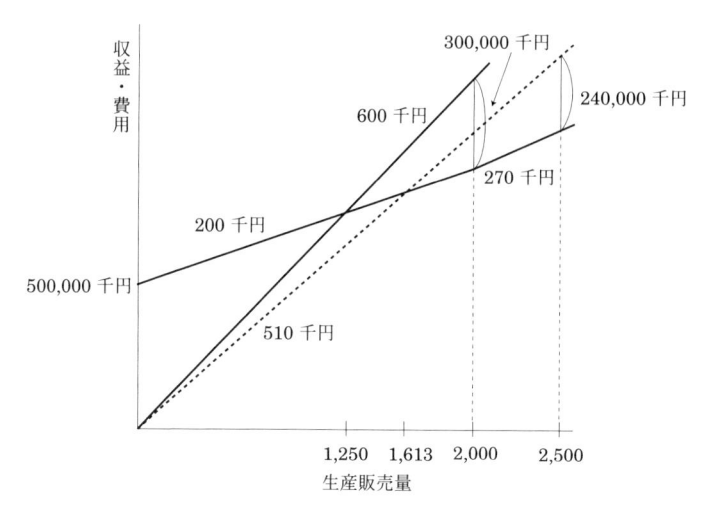

1,250 1,613 2,000 2,500
生産販売量

図 3.11 (a) 全製品を値下げする計画利益図表

限界利益

300,000 千円
240 千円
240,000 千円
500,000 千円
400 千円
310 千円

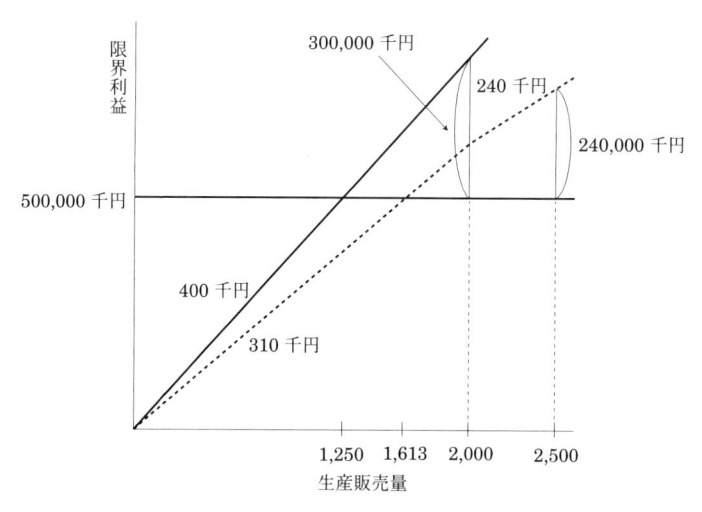

1,250 1,613 2,000 2,500
生産販売量

図 3.11 (b) 全製品を値下げする限界利益図表

3.7 長期的視野での受注政策

上の例は,短期的視野での意思決定問題であり,製品の需要と比べて生産能力(キャパシティー)が余っている状態(つまり手余り状態)であったことに注意する必要があります.

マーケティング政策は,手余り状態の事業分野で需要拡大を図ることに力点をおくことが多いのですが,ときとすると次のような意思決定問題に遭遇することもあります.

手不足状態のときの営業政策
【例 3.10】
バイオ・エレガンス事業部の美肌浴用剤は,その品質の良さと営業努力が効を奏して,国内向けの需要が十分大きくなり,生産能力が需要に追いつかない状態(つまり手不足状態)になりました.

このとき,【例 3.8】と同じ商社・はなだ物産から,前と同様のOEM 生産の注文(単価 420 千円で毎月 500 ケース)がきました.事業部長は,次のポリシーを検討しています.

(イ)　今後数年間は手不足状態が続く見込みなので,設備の増設投資をして,キャパシティーの拡大を図ることを検討したい.

(ロ)　しかし,当面の数か月は,キャパシティーの拡大が間に合わない.しかし,この事業の戦略的位置づけを考えると,やがて国内需要が頭打ちになることが予想されるので,この注文には積極的に応じて,輸出の戦略拠点を築いておきたい.

まず,上記(ロ)の問題を考えてみましょう.手不足状態のもとで,短期的な損得だけを追求するならば,この話を受けるのは明らかに不利です.

この状況のときに OEM 生産の注文を引き受けてしまうと，既存の市場で 1 ケースにつき 600 千円ずつ得られる収益のうち 500 ケース分を放棄して 420 千円で売り，変動費と固定費は変わらないわけですから，この輸出を引き受けると

$$(420 千円 + 20 千円 - 600 千円) \times 500 = -80{,}000 千円 \tag{3.14}$$

つまり 80 百万円の利益減になるのです．

ポリシーのコストと戦略的配慮

この月額 80 百万円という赤字金額は，「将来の輸出増に備える戦略的配慮」だという場合は，その戦略のメリットと比較する必要があります．

通常は，「戦略的メリット」なるものを金額で明示することは困難なのが普通です．そこで，そのメリットを直接計測する代わりに，「そのポリシーを実施すると，それを実施しない場合と比べて，当面の利益をどれだけ減らすか？」という意味の"ポリシーのコスト"を測ったうえで，それと比べて戦略的メリット（それは，金額で表しにくいインタンジブルなメリットでしょう）が十分大きいと確信できれば，その案を採用する，という考え方をするほうが実践性が高いのです．上の例では，設備増設までの 3 か月間は，

$$月間 80{,}000 千円 \times 3 = 240{,}000 千円$$

というポリシーのコストが発生するのですから，輸出拠点を確保するメリット（たとえば将来の輸出ビジネスを好転させることによる利益増）がコストを十分上回ると判断できれば受注し，それほどのメリットは望めないと判断したら受注を断ればよいのです．

経済性分析にできることは，事業部長や経営トップがそのような判断をしやすいように，計数資料をよく整理して提供することです．

長期受注政策の経済性

こんどは，前述の（イ）の問題，つまりはなだ物産からの OEM 生産の注文を引き受けるために設備の増設を行うという長期計画の問題を考えてみましょう．

【例 3.11】

営業企画部の担当者が，前述のはなだ物産とさらに話を進めたところ，「通常の販売価格の 30% 引きという OEM 価格で引き受けてくれるなら，今後 3 年間（36 か月）は月々 1,000 ケースの OEM 生産を依頼したい」という意向だということがわかりました．

もしこの話が実現する場合は，増産のための設備投資が 2,300 百万円必要になるほか，月々の人件費と固定経費を合わせて 100 百万円増加させる必要があります（この場合は物流コストの節減は生じないものと仮定します）．この投資によって，当製品部の月産能力は 3,500 ケースになる予定であり，うち 500 ケースは残業でまかなうことになります．

(a) この受注をした場合は，月々の稼得利益はどのようになるでしょうか？

(b) 当社の資本コストは月利 1% の複利と仮定すると，設備の増設をして OEM 生産の注文を受けるのは有利でしょうか？それによって，当事業部の正味利益はどれだけ増加（または減少）しますか？

(c) このように，設備投資をして増産するという方策が有利であるためには，OEM 受注が何か月以上続く必要があるでしょうか？

このように 3 年（36 か月）という長期的視野での計画の場合は，

経済性の比較の対象（考察の範囲）もそれに合わせて拡大し，「注文を断る場合」と，「注文を引き受ける場合」とで変化する要素を3年先までしっかり把握することが大切です．

その場合の可変要素としては，初期投資額と月々の収益および費用をキャッシュフローに注意して捉えるほか，資本コストを考慮した時間換算の手法を適用することが必要になります．

その種の分析については，第6話でお話する投資分析の知識が必要になるので，ここでは月々の償却前営業利益の増分（つまりキャッシュフロー）がどうなるかを表で整理すると，表3.4のようになります．また，この計算結果をキャッシュフロー図にまとめますと図3.12のようになります．

このように，3年間（36か月）のキャッシュフローにまとめたならば，あとは時間換算の手法を応用して正味利益を求めたり，感

表3.4 長期受注計画の増分要素
―― バイオ・エレガンス事業部 ――

収益・費用 （月額）	従来のまま	OEM生産を引き受ける	増　分
売上高	600千×2,500=1,500百万円	1,500百万+420千×1,000 =1,500百万円+420百万 =1,920百万円	420百万円
変動費	200千×2,000+270千×500 =400百万円+135百万円 =535百万円	200千×3,000+270千×500 =600百万円+135百万円 =735百万円	200百万円
粗利益	965百万円	1,185百万円	220百万円
固定費 （償却前）	340百万円	340百万円+100百万 =440百万円	100百万円
償却前の 営業利益	625百万円	745百万円	120百万円

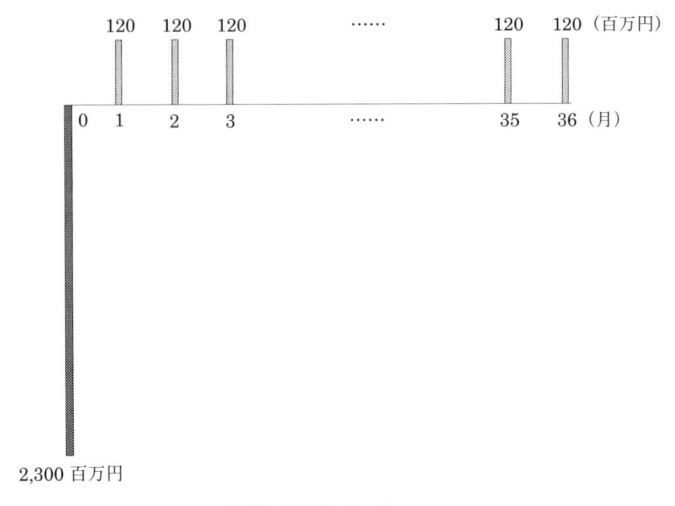

```
         120  120  120           ……        120   120 (百万円)

     0   1    2    3     ……              35    36 (月)











2,300 百万円
```

図 3.12 長期受注計画のキャッシュフロー

度分析をすることが可能です．詳しくは第 8 話の 8.9 節を参照してください．

第4話
有利な製品を選択する

限界利益と制約条件に注意を向ける

現実の企業では,コスト分析や利益計画の対象になる製品が複数あり,「どの製品が歩の良い製品か?」とか,「どのように組み合わせて生産販売するのが有利か?」などの判断が必要になる場合が少なくありません.その種の問題について考えてみましょう.

4.1 どちらが有利な製品か

赤字製品と黒字製品
【例 4.1】

株式会社きたむら工業は,高級かばん類に使われる金属製品を受注生産している小さな会社です.最近は,ある常連の親会社向けに2種類の製品 A, B を手がけており,毎日1ロットずつ作って親会社に納めています.製品 A, B とも 100 個が生産の1ロットになっています.

きたむら工業の経営者の北村氏は,最近学校を終えて家業を継いだ子息(北村ジュニア)の意見に従って,原価計算というものをやってみることにしました.原価計算は月次にやるのが普通だときいていますが,毎日同じ製品を作っているのだから,1日ごとに利益計算がやれるはずだと考えました.

どちらの製品も,それぞれ1ロット作るための所要時間は同じ(4時間ずつ)ですから,直接労務費は同額だと考えました.利益

表 4.1 両製品を1ロットずつ作る場合

	製品 A	製品 B
売上収益	40万円	60万円
材料費・変動経費	8万円	24万円
直接労務費　（1日26万円）	13万円	13万円
間接経費　　（1日40万円）	16万円	24万円
利　　益	3万円	−1万円

計算の内容は表4.1に示すとおりでした．この表で「材料費・変動経費」というのは生産量に比例するコストです．「直接労務費」とは，月給方式で支払っている人件費を1日当たりに換算したうえで，これを実働時間（A, Bとも4時間ずつ）に比例して両製品に割り振っています．「間接経費」という項目も月々固定的に生じる設備費用や営業諸経費ですが，1日分の平均額を売上高に比例して2つの製品に割り掛けてあります．

さて，表4.1を見ますと，製品Aの利益は1日につき3万円ですが，製品Bは1日に1万円の赤字になっているので，経営者の北村氏はびっくりし，反省しました．

「いままで原価計算というものをやったことはなかったが，こうして製品別の利益が数字で表されるなら，今後は製品Bはやめにして製品Aだけを毎日2ロットずつ作ることにしたほうが有利に違いない．親会社に交渉して，製品Bの受注はほかの業者に譲り，製品Aに専念することにしよう」．

北村氏はこう考えて，スタッフ役の子息（北村ジュニア）に利益計算のやり直しをさせました．

黒字製品だけにすると利益が増えるか

ところが，北村ジュニアが持ってきた計算は表4.2のようになっていたので，経営者の北村氏は2度びっくりです．

表4.2 黒字製品だけを2ロット作ると

売上収益	80万円
材料費・変動経費	16万円
直接労務費（1日26万円）	26万円
間接経費　（1日40万円）	40万円
利　益	−2万円

つまり，赤字製品をやめにして黒字製品だけ作ることにすると，利益が減ってしまうというのです．

赤字製品だけ作るとどうなるか

この計算結果を見て，北村氏は「この原価計算には，何か落とし穴があるのではないか？」と不安になりました．

そこで，まさかとは思いながら，試しに製品Bだけを毎日2ロットずつ作ることにすると利益はどうなるか試算してみるよう，スタッフ役の北村ジュニアに命じました．すると，今度の計算は表4.3のようになっていました．つまり，1日当たりの利益は6万円の黒字になるというので，経営者は3度目のびっくりです．

表4.3 赤字製品だけを2ロット作ると

売上収益	120万円
材料費・変動経費	48万円
直接労務費（1日26万円）	26万円
間接経費　（1日40万円）	40万円
利　益	6万円

北村ジュニアは，学校の「原価計算」で習ったとおり，表4.1のように固定費を製品別に配賦した原価計算を行っただけであり，別に奇をてらっておやじを驚かせようとしたわけではありません．

　もっとも，ひょっとして配賦計算のやり方に難があったかもしれないと不安になりました．間接経費は売価つまり「稼ぐ力に比例して配賦」するのが妥当だと思って表4.1を作ったのですが，大手企業では「直接費に比例させて配賦」する例が多いと聞いています．そこで，そういう別の試算をしてみました．すると，直接費は

　　　　製品Aは，8万円+13万円=21万円，
　　　　製品Bは，24万円+13万円=37万円

なので，間接経費（1日当たり40万円）を21対37の比で配賦し直しますと，

　　　　製品Aは，40×21/58=14.5（万円）
　　　　製品Bは，40×37/58=25.5（万円）

となります．この数字を使って製品別の利益計算をしてみますと，

　　　　製品A： 40−(8+13+14.5)=4.5（万円）
　　　　製品B： 60−(24+13+25.5)=−2.5（万円）

ということになり，優劣の判定には影響がありませんでした．

　北村氏は，このように固定費の配賦の仕方を変えるという考え方では正しい判定はできないということを自覚せざるをえませんでした．

役に立つコスト分析とは

　与えられた生産キャパシティーのもとで，どの製品が有利かという比較評価をするのが目的の場合は，表4.4のように，売価から変動費だけを差し引いた粗利益（限界利益）を基本尺度にしなければなりません．固定費は各製品に割り掛けることをせずに，その総額

表 4.4 粗利益だけで比較すると

	製品A	製品B	合 計
売 価	40万円	60万円	100万円
材料費・変動経費	8万円	24万円	32万円
粗利益	32万円	36万円	68万円
直接労務費			26万円
間接経費			40万円
固定費合計			66万円
利 益			2万円

を一括で差し引くべきなのです．そうすると，1ロット当たりの粗利益は製品Aが32万円，製品Bが36万円となり，Bのほうが有利であることがわかります．

この場合，固定費の総額66万円（=26万円+40万円）は「どちらの製品を生産・販売するか」という意思決定によって変化する額ではないのです．これをどういう方法で各製品に割り振るかという発想は，第2話の4節（エナミ工房）の江波さんの例と同様に，"割り勘計算"の発想であり，本来「正解」のないものです．したがって，複数製品の「どちらが有利か？」という損得計算のためには，固定費を製品別に配賦するという発想をやめにして，その総額を一括で引き算すべきなのです．すると，表4.4より，1日当たり利益は次のようになるわけです．

製品Aだけを2ロット作ると：$(40-8) \times 2 - 66 = -2$（万円）

製品Bだけを2ロット作ると：$(60-24) \times 2 - 66 = 6$（万円）

これを図解すると，図4.1のようになります．

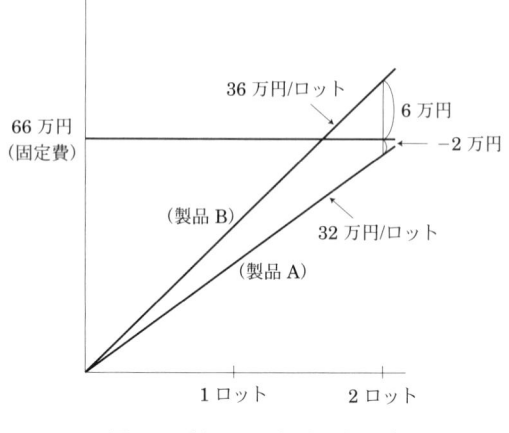

図中:
- 66万円（固定費）
- 36万円/ロット
- 6万円
- −2万円
- （製品B）
- 32万円/ロット
- （製品A）
- 1ロット
- 2ロット

図 4.1 製品別の利益の生じ方

4.2 制約要素の投入効率を考える

上の例では，A, Bどちらの製品も，生産に必要な時間が同じでしたから，粗利益の大小を比べるだけでよかったのです．しかし，製品を作るための所要時間が違う場合は，そう簡単にはいきません．次の例を見てみましょう．

所要時間が異なる場合
【例 4.2】

きたむら工業の例で，各製品の売価とコストは表 4.4 と同じ構成になっていますが，生産に要する時間が相違して，製品 A は 1 ロットにつき 3 時間，製品 B は 1 ロットにつき 4.5 時間，そして，1日に生産可能な時間が 9 時間以内という条件になっている場合は，どのような考え方で製品の選択をすべきでしょうか？

4.2　制約要素の投入効率を考える

この場合は，1日の生産可能時間9時間の中で，A, Bそれぞれの製品を何ロット作ることができるか調べてみますと，

　　　製品A：9÷3=3（ロット）

　　　製品B：9÷4.5=2（ロット）

となります．つまり，もし製品Aだけを作ることにすると，1日当たり3ロット，製品Bだけ作れば2ロット作ることができます．したがって，1日当たりの利益は，

　　　製品A：$(40-8)\times 3-66=30$（万円）

　　　製品B：$(60-24)\times 2-66=6$（万円）

となって，製品Aを作るほうがはるかに有利なのです（図4.2参照）．

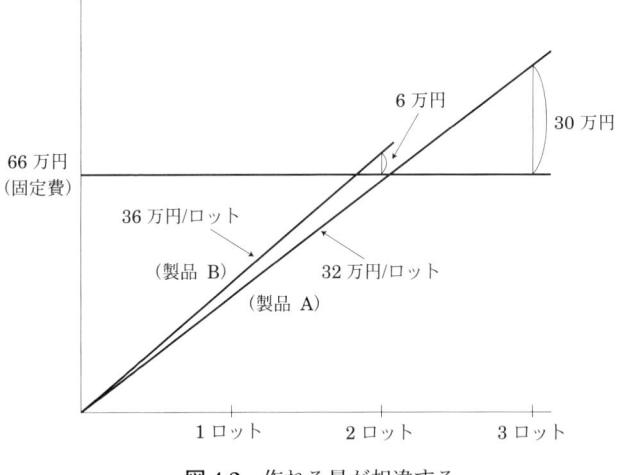

図4.2　作れる量が相違する

利益効率という指標

上述のように，各製品の生産に必要な時間が相違して，しかも生産に利用できる総時間が制約されている場合は，各製品ごとに，1日の制約時間の中で何ロット作ることができるかをいちいち調べれば最適解を知ることができます．しかしこのやり方はかなり面倒です．

そこで，もっと簡単に有利な選択をする方法を考えましょう．それは，その制約になっている時間を効率よく使うという考え方をすることです．

所要時間が制約されているときに，製品別の有利さの度合いをはかる指標としては，「1ロット当たり粗利益」ではなく，次式のように「1時間当たり粗利益」を求めて比較するほうが役に立つのです．

製品A：$(40-8) \div 3 = 10.667$（万円）

製品B：$(60-24) \div 4.5 = 8.0$（万円）

この数値を"利益効率"と呼んでおきましょう．利益効率を使って1日当たりの正味利益を求めますと，下記のようになって，上述の計算と同じ結論になります．

製品A：$10.667 \times 9 - 66 = 30$（万円）

製品B：$8.0 \times 9 - 66 = 6$（万円）

この仕組みを図に表すと，図4.3のようになります．

4.3 期間利益を最大にする製品ミックス

上の例は，問題の本質をつかむために，1日ごとに生産・販売の成果をつかむことができるという簡単な例でした．

しかし，現実の企業の問題はそれほど簡単ではないので，利益効

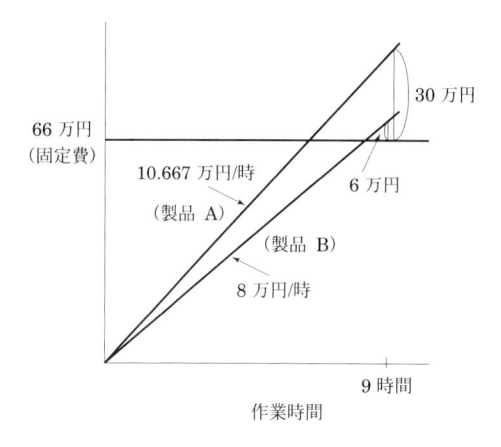

図 4.3 利益効率を比べる

率という指標を役立てながら，製品ミックスの計画を検討するもう少し一般的な例を考えましょう．

四半期ごとの製品ミックス
【例 4.3】

株式会社くりはま製作所では，四半期ごとに製品ミックスを検討しながら生産計画を立てています．いま，次の四半期の計画を立てているところですが，生産販売の候補になる製品は，A, B, C の 3 種類で，それぞれの売価，コスト，需要量は表 4.5 に示すとおりです．

各製品とも共通の生産工程を使いますが，基幹設備の稼働時間が 1 四半期につき 500 時間（30,000 分）に制約されていて，これが生産能力を制約しています．表 4.5 には，各製品に必要な基幹設備の稼働時間も書き込んであります．

表 4.5 3種の製品の利益比較

製　品	A	B	C
売　価	2,000 円	3,000 円	2,500 円
材料費	700 円	800 円	700 円
変動経費	100 円	400 円	200 円
労務費	250 円	600 円	400 円
固定経費・償却費	270 円	400 円	300 円
純利益	680 円	800 円	900 円
設備の稼働時間	5 分	12 分	8 分
1期間需要量	2,800 個	1,500 個	3,000 個

表4.5において，労務費，固定経費・償却費は固定費ですが，標準原価計算の手続きによって各製品に配賦してあります．最適なプロダクト・ミックス（四半期の利益が最大になるような製品の組合せ）はどうあるべきでしょうか？

粗利益に注意を向けると

この表の1個当たり純利益は，製品Aが680円，Bが800円，Cが900円ですが，これを見て有利さの順位はC, B, Aの順だと考えてはいけません．なぜならば，固定費を人為的に各製品に割り掛けて計算してあるからです．前節で説明したように，こういう割り勘計算を含む数値を「どの製品が有利か」という比較のものさしとして使うのは不適当です．

そこで，表4.6のように，売価から変動費（材料費および変動経費）だけを差し引いた粗利益を指標にしますと，その大きさはB（1,800円），C（1,600円），A（1,200円）の順になります．これを有利さの指標にすると，次のような選択が行われることになります．

① まず製品Bを最優先して，需要いっぱいの1,500個作ります．18,000分（=12分×1,500）かかります．
② すると，残り時間が12,000分（=30,000分－18,000分）あるので，製品Cを1,500個（=12,000÷8）作ります．

そのときの1四半期の粗利益合計は

$$1,800円 \times 1,500 + 1,600 \times 1,500$$
$$= 2,700千円 + 2,400千円 = 5,100千円$$

となります．

しかし，これで正解が求まったのでしょうか？　答えは否です．

利益効率で順位付け

正しい選択をするためには，制約になっている資源の投入量（ここでは基幹設備の稼働時間）に対する利益効率（この例では，1分当たりの粗利益）を尺度にして順位づけることが大切です．1分当たりの粗利益は，表4.6に示したように，製品Aが240円，Bが150円，Cが200円ですから，A, C, Bの順に作るのが有利なのです．これを図に示すと，図4.4のようになります．この順位付けに

表4.6　粗利益と利益効率

	製品A	製品B	製品C
売　価	2,000円	3,000円	2,500円
材料費	700円	800円	700円
変動経費	100円	400円	200円
粗利益/個	1,200円	1,800円	1,600円
1個当たり稼働時間	**5分**	**12分**	**8分**
1分当たり粗利益	**240円**	**150円**	**200円**
1期間需要量	2,800個	1,500個	3,000個

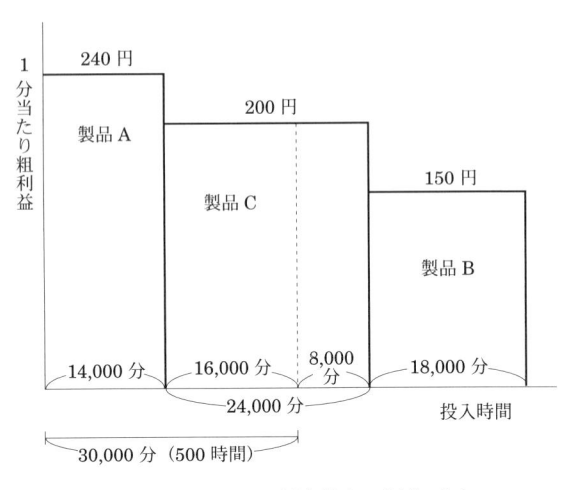

```
              240 円
1          ┌─────────┐
分          │         │ 200 円
当          │  製品 A │┌─────────┐
た          │         ││         │
り          │         ││  製品 C │  150 円
粗          │         ││         │┌─────────┐
利          │         ││         ││         │
益          │         ││         ││  製品 B │
            │         ││         ││         │
            └─────────┘└────┬────┘└─────────┘
            ← 14,000分 →← 16,000分 →8,000← 18,000分 →
                                     分
                         ← 24,000分 →        投入時間
            ←──── 30,000分（500時間）────→
```

図 4.4 1 分当たり利益効率で順位づけ

よりますと，

① まず製品 A を需要いっぱいの 2,800 個（14,000 分かけて）作り，

① 残り時間 16,000 分（＝30,000 分 − 14,000 分）をかけて製品 C を 2,000 個（＝16,000÷8）作ります．

そのときの粗利益総額は，

$$1{,}200\text{円} \times 2{,}800 + 1{,}600 \times 2{,}000$$
$$= 3{,}360 \text{千円} + 3{,}200 \text{千円} = 6{,}560 \text{千円}$$

となります．

この粗利益合計から固定費総額を差し引いたものが正味利益合計です．

こういった分析をシステマティックにやるためには，図 4.4 のような図解を用いるのが便利です．この図は，横軸に「制約になって

> **補説　時間当たり粗利益を用いる計算法**
>
> 図4.4のように利益効率がつかまれていますと，各製品の粗利益額は「横軸の投入時間×縦軸の単位当たり粗利益」つまり長方形の面積です．したがって，最適解の粗利益合計は，
> 　　　240円×14,000+200円×16,000
> 　　　　　=3,360千円+3,200千円=6,560千円
> として求めることも可能です．

いる要素（この例では設備の稼働時間）をとり，縦軸には「制約要素1単位当たり（ここでは1分当たり）の粗利益」をとり，その値の大きなものから順に並べるのです．そして，制約要素の投入量がいっぱいになるところまで選んでいけばよいのです．

この選択の理屈は，長方形の面積を最大にするというものです．つまり，横軸の長さが（制約条件によって）決められているとき，長方形の面積（つまり粗利益の総額）を最大にするためには，縦軸の長さ（つまり単位時間当たり粗利益）を長くするほど望ましいわけです．

4.4　制約にはいろいろある

さて，上の例は，生産工場のケースで，制約になっている要素が時間でしたから，1分当たり粗利益が有効な利益効率の尺度でした．

しかし，制約になるのはいつも稼働時間とは限りません．たとえば，倉庫業のように，制約になっているのがスペースだという場合

は，単位面積当たりの粗利益（スペース利用の効率）が有利さの指標になります．

コンビニエンスストアや百貨店のように，店舗のスペースがきびしく制約されている業種の場合も同様です．かつて著者は百貨店の事例研究で，スペース当たり・1期当たりの粗利益を調べたことがありますが，婦人服は紳士服と比べて利益効率がはるかに大きいことを知りました．これは，婦人服のほうがスペースをとらず，回転も速いからでした．

もし運送業のように制約が積載重量であるという場合は，積荷の単位重量当たり粗利益が有効な指標になります．

同様の考え方で，もしも何らかの事情で生産または販売の総個数が制限されているという条件の場合があれば，1個当たりの粗利益の大きい製品が歩の良い製品になることもあります．かつて清酒業界が営業カルテルを組み，販売総石（こく）数が制限されたことがあります．こういうときには，「ワンカップ××」とか中びんによる吟醸酒など，1リットル当たりの粗利益の大きい商品を優先するのが有利でした．しかし，そのようなことは，たとえばカルテルを結んでいる企業などのように，かなり特殊な例にしか見られないでしょう．

なお，経営分析の指標として売上利益率という指標が広く使われています．これは企業の収益力を売上効率によって判断しようという尺度であり，企業活動をマクロに見るときの指標としては一応使えるかもしれません．しかし，売上利益率（製品の営業利益または粗利益を売上収益で割った値）が有利な製品を選択する尺度になるのは，各製品の売上金額が制約されている場合です．現実には，売上げの総金額が制約になるというケースはめったにないのですから，売上利益率の大小が有利な製品を選ぶ指標として役立つ場面は

4.5 不確定な要素と経営政策への配慮

有利な製品を選択するための基本的な方法論は上述のとおりですが，こういった方法論を実務に適用する場合には，単に「最適解はどうか？」という答えを知るだけでは不十分です．

実践上は，たとえば残業して生産量を増やせる場合はどうするかとか，各製品の需要が予測どおりでなかった場合はどうするかとか，歩の良い製品Aを増販する可能性はないか，……などのように，不確定要素の影響についてフレキシブルに対応しやすいような分析をすることが大切です．

また，たとえば製品Bは利益効率が劣るけれども，当社のブランド戦略に役立つといったインタンジブルな要素への配慮が必要なときにはどういう分析をすればよいか，という問題もあります．

そのような問題に対処するとき役立つのは"感度分析"という方法です．ここでは，それらの扱いへの基礎的なお話をしておきましょう．

工程能力の制約が変わると

ここで，工程の制約条件が不確定だという場合について考えてみましょう．

【例4.4】

前述のくりはま製作所は，住宅街に近いため，騒音を考慮して基幹設備の稼働時間を四半期トータルで500時間（30,000分）に制約していました．ところが，騒音対策の工夫をすれば，残業によっ

て最大 180 時間まで制約をゆるめることが可能だということがわかりました．残業手当は 1 時間につき 9,600 円（1 分当たり 160 円）かかることがわかっています．この場合，どの製品をどれだけ増産するのが有利でしょうか？

残業によって設備のキャパシティー（ここでは生産可能時間）の制約をゆるめる手段が考えられる場合は，図 4.4 を見れば明らかなように，その時間で製品 C を増産するのが有利です．そうすると，1 分当たり 200 円の割で粗利益が増加します（反対に，設備の利用可能時間が減らされると，1 分当たり 200 円の割で粗利益が減少します）．

したがって，もしも 1 分当たり 160 円（1 時間につき 9,600 円）の残業手当ならば，残業して製品 C を作るほうが有利です．残業が 8,000 分以内ならば，1 分につき 40 円（= 200 円 − 160 円），1 時間につき 2,400 円の割で利益が増加します．

ただし，8,000 分（133 時間）を超えて残業をすると，こんどは製品 B を作ることになりますが，製品 B の 1 分当たり粗利益は 150 円で，残業手当 160 円よりも小さいですから，それ以上は残業しないほうが有利です．

需要についての感度分析
【例 4.5】
くりはま製作所では，製品 A が最も有利だということがわかったので，販売促進方策をとることによって製品 A の需要を増加させることを検討しました．その結果，1,000 個だけ増加させることが可能だということがわかったと仮定しましょう．この場合はどのような利益分析をすればよいでしょうか？

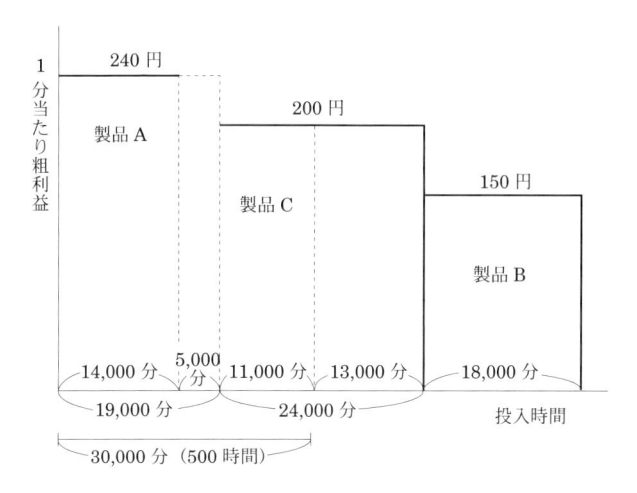

図 4.5 製品 A の需要拡大の経済性

　製品 A の需要を 1 個増加させると，図 4.5 から明らかなように，240 円 ×5(分) =1,200 円ずつ粗利益が増えます．しかしその代わりに，製品 C の生産販売量を 5 分相当減らさなければなりませんから，200×5=1,000 円だけ減益になります．したがって，製品 A の需要を 1,000 個増加させることによる正味の利益増は，

$$(1,200 円 - 1,000 円) \times 1,000 (個) = 200,000 円$$

または，

$$(240 円 - 200 円) \times 5,000 (分) = 200,000 円$$

となります．したがって，販売促進のために必要なコストが 20 万円未満であればこの方策は採算がとれるということになります．

4.6 戦略製品に配慮すると

【例 4.6】

くりはま製作所の例で，製品 B は生産時間がかかりすぎて利益効率が劣るのですが，ある広告代理店のテスト・マーケティングの報告によりますと，この製品は，当事業部のブランド戦略に大きな力を持っていることが期待されるということです．だから，将来的には設備の増設をして生産キャパシティーを拡大することが望ましいですが，当面は，需要の半分に相当する 750 個（9,000 分）を市場に出しておきたいと考えています．

このような経営ポリシーを採用する場合の適切なプロダクト・ミックスはどうあるべきでしょうか？

このように「戦略的に重要だ」という製品の扱いについて検討するときは，戦略的価値というインタンジブルなメリットと経済性評価とを関係づけることが大切です．そのためには，とりあえずその戦略製品を最優先すると仮定したうえで，利益への影響を試算してみるのがうまいやり方です．

そのためのアプローチは，図 4.6 のように，製品 B 750 個（9,000 分）を最優先し，ほかは利益効率の高い順に採用する試算をしてみればよいのです．すると，この図から明らかなように，9,000 分に相当するキャパシティーを製品 B のために投入し，その分だけ製品 C を減らすことになりますから，四半期の営業利益を

$$(200 円 - 150 円) \times 9{,}000 = 450 千円$$

だけ減らすことになり，この 450 千円が「ポリシーのコスト」です．

よく見かけることですが，戦略製品というのは，特別扱いの製品

4.6 戦略製品に配慮すると

```
         240円
          ┌───┐
          │   │  200円
1         │   │ ┌─────┐
分  150円 │   │ │     │     150円
当 ┌──┐  │   │ │     │    ┌──┐
た │  │  │   │ │     │    │  │
り │  │  │   │ │     │    │  │
粗 │製 │  │製 │ │ 製品C │    │製 │
利 │品 │  │品 │ │     │    │品 │
益 │B │  │A │ │     │    │B │
   │  │  │   │ │     │    │  │
   └──┘  └───┘ └─────┘    └──┘
   9,000分 14,000分 7,000分 17,000分 9,000分
                   分      分
                 ⌣─24,000分─⌣        投入時間
   ⌣──30,000分（500時間）──⌣
```

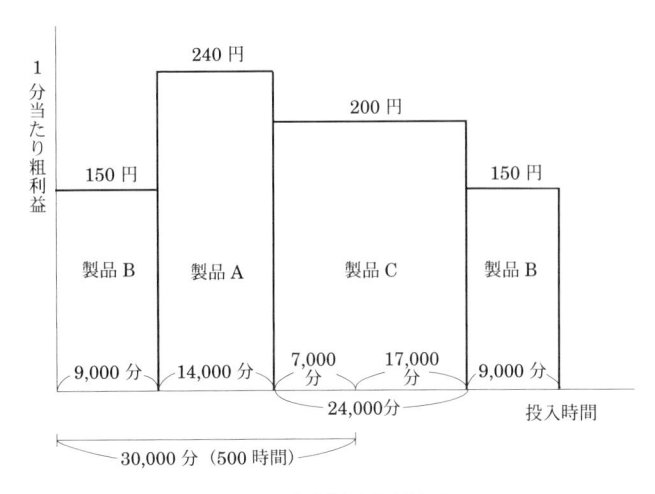

図 4.6 戦略製品を優先する

だから，経済性とか利益は無視してよいのだという考え方をする経営者や企画スタッフがいるものです．しかし，それはもちろん行き過ぎです．「将来の利益」のために「いまの利益」をどれだけ減少させてもよいかという判断をするための手がかりとして，"ポリシーのコスト"を測定するのだと考え，意思決定をしやすいように両者の関係を整理しておくことが大切です．

第5話

失敗のコストと改善の利益

比較の基本原則を整理する

　企業の経済活動は，全く欠点のない理想的な状態で営まれていることはめったになくて，改善の対象になる事態が少なからず存在するのが常です．たとえば，製品の一部が不良品になってしまうとか，納期遅れや営業の不手際などでお客を逃すことがあるとか，機械が故障したり，下請管理の不備によって生産が止まることがあるとか，在庫品や資金を過剰にもちすぎるとか，……などの不具合がまれではないのです．

　企業のマネジメント活動には，そういう「失敗」を減らすことによって利益を「改善」することも含まれているのです．失敗のコストは，いわば"宝の山"なのです．

　しかし，失敗のタイプはさまざまですから，それによる「失敗のコスト」の評価はなかなか一筋縄にはいきません．また，それを改善するための人手や資金コストも負担しなければならないでしょう．

　ですから，失敗のコストと改善の利益を正しく比較秤量したうえで，効率よく改善策を考えるための経済性分析が必要なのです．

　この第5話では，そのようなコストや利益を評価する場合の基本的な考え方を説明しますが，それと同時に，全体の折り返し点にさしかかったこの辺で，経済性の比較の諸原則を再整理することも意図しています．

> **補説　面白くてためになる事例**
>
> まえがきでも紹介したように，著者にとって『経済性工学』の長年の共同研究者であり，恩師でもあった千住鎭雄先生は，その共同研究の過程で「面白くてためになる」演習事例の作成・収集を奨励され，ご自身も大層熱心でした．その中でも，「失敗のコスト」の本質をわかりやすく説明するための例題作りに，私たちはとりわけ興味を持ちました．それは，著者たちの趣味でもありましたが，本意は，学生たちや読者に，経済性の比較の原則を興味をもって会得してもらうのに有効な題材だと考えたからです．
>
> ただ，経済性工学のテキストでは，（授業上の便宜も考えて）その種の例題のすべてを本文に載せることはせずに，演習問題としてちりばめたものも少なくありません．「そば屋の損失」とか，「そば屋とまんじゅう屋」と題した例題も，その1つでした．
>
> しかしその後，弟子たちの書物も含めて，同種の例題や解説がかなり出回るようになったので，この辺で著者自身のモデル解答を公開することにしました．以下は，何種類かのバージョンの中の1つです．

5.1　そば屋の不良損失

この章で共通に使用する基礎的な例題として，次の事例を考えましょう．

【例 5.1】

東京下町の駅ビルの一角を賃借して，数種類の日本そばを商っている店があります．この店では，主人がコックを兼ね，親戚の2人の娘さんを店員として使っています．店員は交替制で，給料は2人

5.1 そば屋の不良損失

表 5.1 1個当たりの収益・費用

品　　目	もり・かけ	月見・天ぷら	スタミナ
売　価	400 円	500 円	600 円
材料費・変動加工費	140 円	200 円	240 円
おしぼり代	10 円	10 円	10 円
人件費	60 円	60 円	60 円
間接経費	70 円	70 円	70 円
コスト合計	280 円	340 円	380 円
利　益	120 円	160 円	220 円
月平均販売量	2,000 個	2,000 個	1,000 個

分で月額 300 千円を払っています．

　そばの種類は客の好みに合わせて数種ありますが，それぞれの売値とコストは，表 5.1 のようです．

　そばの売上個数は，月平均 5,000 個で安定しています．製造原価のうち，材料費・変動加工費は個数に比例して変動するコストですが，そのほかに固定的な人件費および間接経費（スペースの賃借料，食器類や設備の償却費その他の経費）は平均操業度で割算して配賦してあります．

　また，客にはおしぼりを出しますが，そのコスト（おしぼり会社への支払額）は 1 本 10 円につきます．

　このそば屋は，客があまり多くないので，調理の時間や客席のスペースにはいつも余裕があるといえます．

【例 5.1–a】

　このひまなそば屋で，ある日のこと，店員が盛りそばを 1 人前客に渡すときに，手元が滑って落としてしまいました．ねぎとつゆは無事でしたが，汚れたそばは棄てて，新たに作り直さなければなり

ませんでした．ねぎとつゆのコストは，「材料費・変動加工費」の中の30円を占めるということです．この店員の失敗によって，そば屋はいくらの損失をこうむったのでしょうか？

【例 5.1–b】
前問の客が，「もう昼休みが終わろうとしているから，作り直すのを待ってはいられない」といって出ていってしまったとすると，落としたための損失はいくらと考えるべきでしょうか？

5.2　比較の原則と失敗のコスト

観念的な評価は禁物

このような問題が与えられたときに，ただ漠然と「不良品による損失は1個当たりいくらにつくか？」と考えますと，次のようにさまざまな考え方がありえます．

その1つは，不良品のために投入したコストを無駄にした，その分が不良損失だとする考え方です．しかし，その場合の「無駄にしたコスト」としては，たとえば次のようにいろいろなものが考えられましょう．

(a) 製造原価が無駄になったのだから，表5.1の原価資料から1個当たり280円と評価すればよい．

(b) そうではなく，変動費が無駄になるのだから，1個当たり150円と評価すべきだ．

(c) 上記のコストから「ねぎとつゆのコスト」を差し引いた額と評価すべきだ，……など．

一方，不良品を作ると利益のあげ損ないが生じる（特に【例5.1–b】のように客が出ていってしまった場合）という考え方もあ

ります．その内容も，次のようにいろいろな意見がありえましょう．

(d) 利益をあげ損なうのだから，1個当たり120円の不良損失だ．
(e) 固定費は別にして，粗利益をあげ損なうと考えるべきだから，1個当たり250円と評価すべきだ．
(f) 不良品が生じて売り損ないが生じるのだから，1個当たり400円の不良損失というべきだろう，……など．

そのほか，原価計算を「きめ細かく」行えば行うほど，いろいろな評価額が考えられますから，観念的な議論をすると，収拾がつかなくなってしまうことでしょう．

比較の基本原則に立ち返る

以上のような「観念的な評価」に陥ることを避け，経済性分析の視点からきちんと"失敗のコスト"を考えるための勘どころとしては，やはり「比較の基本原則」が重要です．つまり，

① その失敗があるために，それがない場合と比べて，
② 企業の収益，費用ないし利益にどれだけの変化が生じるのか，

ということに注目することです．

そのように比較の原則をしっかり適用して正しく評価することは，そういう失敗を防止することによって企業利益がどのように改善されるかをきちんと見分けて，適切なマネジメントを行う基礎としても重要です．

そのための準備として，表5.1のどんぶり勘定の表を改めて，表5.2のように，変動費と固定費を分離して利益の生まれる仕組みをつかみやすくできる表に作り変えておきます．

表 5.2 そば屋の利益構造

	もり・かけ	月見・天ぷら	スタミナ	合　計
生産販売量	2,000 個	2,000 個	1,000 個	5,000 個
1個当たり 　販売単価 　変動費	400 円	500 円	600 円	
材料費・変動加工費 　　おしぼり代	140 円 10 円	200 円 10 円	240 円 10 円	
粗利益	250 円	290 円	350 円	
月　額 　売上高 　変動費	800,000 円 300,000 円	1,000,000 円 420,000 円	600,000 円 250,000 円	2,400,000 円 970,000 円
粗利益	500,000 円	580,000 円	350,000 円	1,430,000 円
固定費 　人件費 　間接経費				300,000 円 350,000 円
合　計				650,000 円
月額総費用				1,620,000 円
月額営業利益				780,000 円

手余り企業の不良損失

さて，このそば屋の【例 5.1–a】の事例をきちんと解くためには，比較の基本原則に立ち返って，

「その失敗がない場合（かりに状況 B と呼びます）」と，

「その失敗が生じた場合（状況 F と呼びます）」

とを比べて，収益・費用・利益にどれだけの変化が生じるかをつかむことが肝要です．

そうしますと，【例 5.1–a】では，そばを落とさない場合と比べて，落としたことによって，作り直しのために材料費・比例加工費

が1人分増加しますが,変動費のうち,ねぎとつゆのコストは追加する必要がありません.

おしぼり代は,状況BとFとで変わらないし,売上収益も固定費も変化しません.したがって,1個落としたことによる損失は

$$140 円 - 30 円 = 110 円$$

です.

一般に,手余り状態の事業体で生じる不良損失は,作り直しに要する変動費です.ただし,この例のように,変動費の中に再利用可能な部分(ねぎとつゆ)や追加投入の必要がないコスト(おしぼり代)があればそれを差し引いた値になります.

次に,【例5.1–b】,つまり客が作り直すのを待ってはいられないといって出ていってしまったという事例の場合は,次のような比較計算をすべきです.

状況B(そばを落とさない場合)の粗利益は,

$$400 円 - 140 円 - 10 円 = 250 円$$

状況F(そばを落とし,客を失う場合)の粗利益は,

$$0 円 - (140 円 - 30 円) - 10 円 = -120 円$$

となるのです.失敗のコストは,状況Bの粗利益から状況Fのそれを差し引いた差額になるのですから

$$250 円 - (-120 円) = 370 円$$

が不良損失となります.

つまり,不良品を生じさせた結果,客を失うという営業上の失敗

	収 益	変動費	粗利益
B:そばを落とさない	400	10+140	250
F:そばを落とし,客帰る	0	10+140−30	−120
差 引 (B−F)	400	30	370

も加わったので,「売上収益のあげ損ない」(再利用可能な変動費は除く) が失敗のコストになるのです.

上のように,利益の変化分を直接とらえるやり方に慣れるまでは,たとえば上表のように,状況Bの場合の粗利益と,状況Fのそれとを対比してみるとよいでしょう.

5.3 客を減らす損失

こんどは,営業活動の不備などによって売上げが減少するという失敗のコストについて考えてみましょう.

店員の長電話で客を減らす
【例5.2】

翌月のある日のこと,1人の客が入ってきたのに,店員が携帯電話で友だちと長話をしていて,おしぼりも出さずにいたために,この客は不機嫌そうに出ていってしまいました.この店員の長電話のために,そば屋はいくら損をしたでしょうか?

店員が電話で長話をしなければ (状況B),1個分の粗利益を得られたはずなのに,長電話で客に不快感を与え,1個売り損なった (状況F) のですから,それによって1個分の粗利益を失ったのです.

このような問題で,比較の対象を明確にしないと,たとえば「店員が長話をしても,しなくても,収入と支出は生じない.だから損得ゼロだ」というような誤った判断を下すおそれがあるので,注意が肝要です.

具体的な損失額については,その客がどのような注文をしようとしたのかが不明ですから,

(a) もり・かけの客なら，　　400円 − 140円 − 10円 = 250円
(b) 月見・天ぷらの客なら，500円 − 200円 − 10円 = 290円
(c) スタミナの客なら，　　600円 − 240円 − 10円 = 350円

というのが妥当な答え方です．

こういう問題があるとき，1つの「正解」を出さなければとこだわる人がいます．そして，3種の商品のどれを注文しようとしたかわからない場合は「等確率」と仮定して，

$$(250円 + 290円 + 350円) \times 1/3 = 296.7円$$

とすべきだといったり，過去の販売実績の比を用いて，

$$250 \times 2/5 + 290 \times 2/5 + 350 \times 1/5$$
$$= 100 + 116 + 70 = 286 （円）$$

と主張したりします．しかしそれは，「確率論のやりすぎ」というものでしょう．

工事による売上減少
【例 5.3】

別の月のこと，駅当局が店の前の通路の工事を行いました．そのために，そば屋は閉店はしなかったものの，その月の売上げが平常の半分に減ってしまいました．その減り方は各そばとも同じような割合と考えられたので，「もり・かけ」が1,000個，「月見・天ぷら」が1,000個，「スタミナ」が500個と見積もられました．

この工事によって，そば屋はいくらの損失をこうむったことになるでしょうか？　駅当局は，工事によって生じた損失額の4割程度は補償してもよいといっています．

この場合は，駅当局が工事をしない場合（状況B）と比べて，工事をしたために（状況F），どれだけ生産販売量が減少し，粗利益

が減ったかという計算をすればよいのです．今度は，売上減少の確率が与えられている（しかも補償額の計算が必要）ですから，以下のように計算すればよいでしょう．

状況Fでは状況Bと比べて，3種類の商品からの粗利益が次のように減ります．

$$(400円 - 150円) \times 1,000 + (500円 - 210円) \times 1,000$$
$$\times (600円 - 250円) \times 500$$
$$= 250千円 + 290千円 + 175千円 = 715千円$$

固定費は変化しませんから，この715千円が工事による利益減です．だから，もし駅側に賠償を請求できるならば，この金額を基本とすべきです．

火事騒ぎによる売上減
【例5.4】

その翌月のある日のこと，1人の客がおしぼりを使いながら「天ぷらそば」を注文しました．そのとき店のテレビが，「新宿・歌舞伎町の雑居ビルが燃えている」というニュースを流し始めました．

下町にあるこの店は新宿の火事とは関係ないのですが，この客は「あの店には知人がいる」といって，あわてて出ていってしまいました．そばはまだ着手されていませんでした．この火事騒ぎのためにそば屋はいくらの損をしたのでしょうか？

この火事騒ぎがなかった場合は（状況B），1個分の天ぷらそばが売れて，粗利益が

$$500円 - 200円 - 10円 = 290円$$

得られたはずです．これに対して，火事騒ぎがあった場合は（状況F），おしぼり代10円のコストを負担しただけで，収益も変動費も

生じませんでした．

したがって，(B−F) の差額，つまり失敗のコストは

　　　290円 − (−10円) = 300円

です．少しわかりにくい例なので，比較の表を下に示しておきましょう．

	収　益	変動費	粗利益
B：火事騒ぎなし	500	10+200	290
F：火事騒ぎで客帰る	0	10	−10
差　引 (B−F)	500	200	300

この例では，「おしぼり代10円」は，火事騒ぎという失敗が生じる以前の支出コストであり，注文を失うか否かに関係しない不変要素（やや大げさにいえば"埋没費用"）ですから，失敗のコストには含めないのです．

5.4　作った後での失敗のコスト

こんどは，生産してしまった後で，何らかの失敗によって注文を断られた場合の損失について考えてみましょう．この場合は，複数の客が関係する例になります．

【例 5.5】

前の【例5.4】のような火事騒ぎが，天ぷらそばを作ってしまった後で発生し，客に帰られてしまったとすると，そのための損失はいくらにつくでしょうか？　次の2つのケースについて考えてみましょう．

[ケース1] 店には，ほかに天ぷらそばを待っている客がいて，そちらに回すことができた場合．

[ケース2] ほかには天ぷらそばの客がいなくて，作ったそばは棄てるしかなかった場合．

作った後での火事騒ぎ

[ケース1]については，「2人の客と，2個のそば」を考える必要があります．

（状況B）火事騒ぎがない場合は，1人目および2人目の客から，下記のように2人分の粗利益に相当する580円を得られたはずです．

$$\{500円 - (10円 + 200円)\} \times 2 = 290円 \times 2 = 580円$$

（状況F）火事騒ぎがあった場合は，1人目の客には，（10円+200円）のコストをかけて，収益はゼロ．2人目の客には，10円のコストをかけて，収益500円を得ますから，合わせて

補説　差額を直接とらえる方法

【例5.5】の[ケース1]のような複雑な問題も，状況Bと，状況Fとの差額を直接とらえることに慣れてきますと，

○ 1人目の客からの収益500円を失い，
○ 2人目の客にかけるべき材料費・変動加工費200円を節約した．

したがって，差引では

$$500円 - 200円 = 300円$$

の損失になる，という論法で正しい解を求めることができるようになります．

500 円 − (210+10) 円 = 280 円

です．したがって，差引損失 (B−F) は

580 円 − 280 円 = 300 円

となります．

このように複雑な問題の場合は，当面の 2 人の客の可変要素について，状況 B および状況 F の収益，変動費，粗利益を，次の表のように書き込んで比較してみるとよいでしょう．

		収 益	変動費	粗利益
(B) 火事騒ぎがない	第1の客	500	10+200	290
	第2の客	500	10+200	290
	合 計	1,000	20+400	580
(F) 火事騒ぎがある	第1の客	0	10+200	−210
	第2の客	500	10+0	490
	合 計	500	20+200	280
差 引 (B−F)		500	200	300

ほかに客がいない場合の損失

[ケース 2] は，火事騒ぎで天ぷらそばを注文した客がいなくなったが，2 人目の客がいないために，そばを捨てるしか方法がなかったという場合ですから，以下のような比較になります．

状況 B（火事騒ぎがない）：

粗利益 = 500 円 − (10 円 + 200 円) = 290 円

状況 F（火事騒ぎで，1 人の客を失った）：

粗利益 = 0 円 − (10 円 + 200 円) = −210 円

したがって，差引 (B−F) しますと，失敗のコストは

290 円 − (−210 円) = 500 円

つまり，販売収益を損したことになります．

5.5 良くない客による損失

にせ札使いが来た
【例 5.6】
別のある日のこと，1人の客が「スタミナ」を食べ，1万円札を払ったので，店員は 9,400 円の釣り銭を渡しました．ところが，客が帰ったあとでその札がにせ札だったことが判明しました．その客が来たために，そば屋はいくらの損失をこうむったことになるでしょうか？

この例では，比較の対象は，(B) ニセ札使いが来なかった場合と，(F) それが来た場合とです．

状況 (B) と比べて状況 (F) の場合は，余分の変動費を 250 円（= 10 円 + 240 円）費やし，9,400 円の釣銭も失うのですから，失敗のコストは
$$250 円 + 9,400 円 = 9,650 円$$
となります．

もしこの設問を，「ニセ札使いが来た場合」と，「正しい客が来た場合」とを比べる問題だと解釈しますと，次の【例 5.7】と同じ答えになりますが，それは，比較の対象が題意からはずれた答えというべきでしょう．

見抜けなかったための損失
【例 5.7】
前例において，にせ札作りの技術は比較的幼稚なものでしたから，

店員がもっと注意をすれば，代金を受け取るときににせ札かどうか見分けられたはずだと，経営者は思いました．店員の不注意による損失はいくらにつくでしょうか？

　注意して正しいお金 10,000 円を受け取る場合（状況 B）と，ニセ札（ゼロの価値）を受け取ってしまった場合（状況 F）との差，つまり 10,000 円の損失と考えるべきです．
　この 2 つの事例を，企業の実践問題に当てはめてみますと，【例 5.6】の失敗は，いわば営業の失敗（信用に問題のある客と付き合ってしまう失敗）に似ており，【例 5.7】の失敗は，経理財務部門の失敗，つまり代金回収の局面での失敗に相当します．

5.6　実践問題に当てはめてみると

　上の事例は，話を面白くするための作り話でした．しかし各問とも，現実の企業で生じる問題と本質的に似ている局面が少なくないはずです．それぞれに似た例をあげておきましょう．
　【例 5.1–a】は，手余り状態のときの不良損失に相当します．手余り状態の企業での不良損失は，作り直しに必要な変動費だけという場合が多いのです．
　ただ，その失敗によって「納期遅れ」が生じて客を失うという事態（【例 5.1–b】）になると，「売り損ないの損」が生じるので，失敗のコストが一層大きくなるのです．
　【例 5.2】は，営業部員の失敗で注文を取り損なった場合の損失に相当します．注文が取れた場合と，取れなかった場合とを比較しませんと，収入も支出もゼロだという誤った評価になってしまうので，注意が肝要です．

【例5.3】は，手余り状態の企業で操業水準が落ちたときの損失は，それによる粗利益の減少に相当することを示唆しています．

【例5.4】は，営業活動で失敗する以前に費やしてしまったコストは埋没費用としたうえで，受注のし損ないによる損失を評価すべきだという教訓を含んでいます．

【例5.5】は，受注した製品を生産した後で，営業活動の失敗によって客を失うことの損失に相当しますが，

［ケース1］は，工作機メーカーにおける汎用機のように，キャンセルされた注文品をほかへ回せる場合であり，

［ケース2］は，専用機の商売のように，作った製品をほかへ回せない場合の例と似ています．

【例5.6】は信用不安のある顧客の注文品を生産し，代金として受け取った手形が不渡りになったという場合に相当します．

【例5.7】は，そのように信用のおけない客に対しては，現金決済にするなどの措置を講じていれば防げたのに，それをしなかったことによってこうむった損失に似ています．

5.7 手不足企業での失敗のコスト

これまでは，手余り状態の企業を前提にして，失敗のコストの本質を考えてきました．これに対して，同じような失敗があったとしても，手不足状態の企業の場合は，失敗のコストの内容は必ずしも同じとはいえないはずです．

もちろん，比較の原則が共通に当てはまる例もありますが，生産のキャパシティーに影響のある事例の場合は，かなり違った計算になることもあります．

ここでも，仮説例を用いて考えてみましょう．

評判の良いケーキ店
【例 5.8】

あるオフィスビルの2階に、小さなカフェがあり、ケーキセットがおいしいと評判です。この店は、ベルギー某社の日本代理店と契約を結んで、ワッフル風ケーキを売り出したところ、大好評で上々の売行きです。

当面は意匠権の問題があるため、月間の生産販売量は5,000個以内と限られていますが、需要はこれをはるかに上回っているので、常に売り切れる状態（つまり手不足状態）です。

ワッフル風ケーキの売価は600円であり、変動費は表5.1の「スタミナ」と同じです。固定費は月額65万円を5,000個に配賦するので、1個当たり130円につきます。

さて、このお店（簡単化のため「ケーキ店」と呼びます）で、以下の設問のような失敗があったときの損失の評価について考えてみましょう。

【設問 1】　ある日のこと、調理場で焼き上げた5人分のケーキを店に運ぶときに、それらを落として不良品にしてしまいました。落としたための損失はいくらにつくでしょうか？

【設問 2】　ベルギー代理店との契約書に不備があったため、翌月は月間4,000個しか作れないことになりました。翌々月からは月間5,000個まで許容するということで了解がつきました。こういった出来事による失敗のコストはどれだけにつくでしょうか？

【設問 3】　このケーキ店で、"そば屋"の問題の【例5.2】（店員の長電話）に相当するの失敗があったときの損失は、いくらにつくでしょうか？

【設問4】 同じくこのケーキ店で、"そば屋"の問題の【例5.6】および【例5.7】に相当する失敗があったとき、その損失はいくらにつくでしょうか？

今度は、手不足状態の企業ですから、分析の勘どころは以下のようになり、手余り状態の"そば屋"とはかなり違った評価になります。

手余り企業の不良損失と、手不足企業の不良損失

不良品が発生したときの損失評価は、手余り状態（そば屋タイプ）の企業の場合は作り直しに必要な変動費を考えるべきでしたが、この【設問1】のように、手不足状態の企業で不良品が生じた場合、売り損ないが生じます。

その「売り損ないの損」は、売上収益でしょうか、それとも粗利益でしょうか？

その辺の理解をすっきりさせるために、図5.1および図5.2を使って、手余り状態の企業と手不足状態の企業とで、どのファクターにどういう変化が生じるかを見てみましょう。

図5.1からわかるように、手余り状態の（キャパシティーが余っている）企業で不良品が生じると、作り直しに必要な費用（通常は変動費）が不良損失になります。これに対して、手不足状態の（需要と比べてキャパシティーが不足している）企業の場合は、図5.2のようになるので、ケーキを落とした場合（状況F）は、それを落とさなかった場合（状況B）と比べて、販売数量が減少するのです。

変動費のほうは、落としても落とさなくても結局同じ額が投入されるのですから、差引(B−F)では、

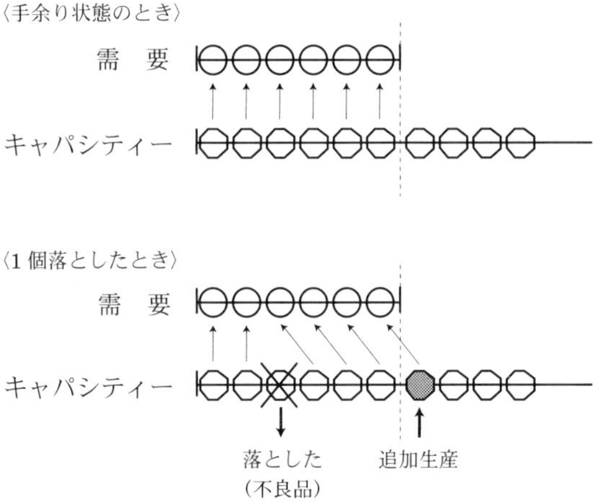

5.7 手不足企業での失敗のコスト

〈手余り状態のとき〉

需　要

キャパシティー

〈1個落としたとき〉

需　要

キャパシティー

落とした　　追加生産
（不良品）

図 5.1　手余り状態での不良損失

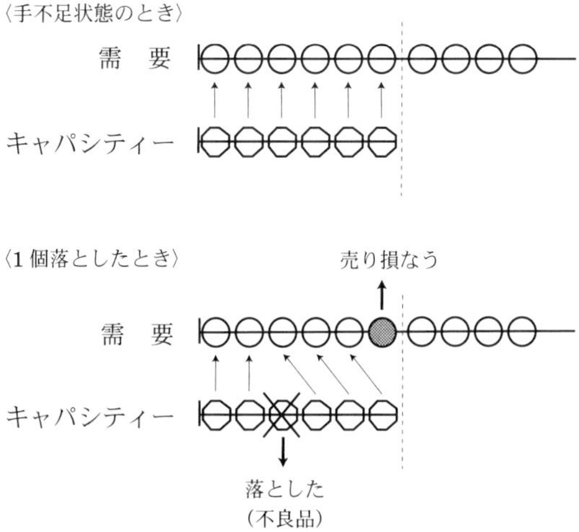

〈手不足状態のとき〉

需　要

キャパシティー

〈1個落としたとき〉

売り損なう

需　要

キャパシティー

落とした
（不良品）

図 5.2　手不足状態での不良損失

600 円 ×5＝3,000 円

となるのです．

操業水準が落ちると

【設問2】のように，契約上のミスで，1,000個の生産および販売数量が減少した場合（状況F）は，そのミスが生じない場合（状況B）と比べて，1,000個分の売上収益が減少すると同時に，それを作るための変動費も1,000個分減少するのですから，それによる失敗のコストは，

$$\{600 円 - (240 円 + 10 円)\} \times 1,000 = 350,000 円$$

となるのです．

手不足企業での営業の失敗

【設問3】のように，店員の長電話が不愉快だといって，1人の客が出ていってしまっても，ケーキ店の場合は需要がキャパシティーを上回っているのですから，経済性の視点からだけ考えれば，損失はゼロです．

もちろん，長期的な顧客関係を大切にするとか，社員にマナーを守らせるなどの視点から見れば，顧客に不快感を与える行動は戒める必要があるでしょう．そういう「しつけ」の問題と，当面の経済性評価の問題とは，きちんと区別して考慮すべきでしょう．

手不足企業でのにせ札使い

そば屋の事例【例5.6】と同じように，にせ札使いがきて，「その客に1個渡し，にせ札を受け取る」という失敗をしたときの損失は，釣銭9,400円の損失のほかに，正常な客からの1個分の収益600円も失うのですから，この場合の失敗のコストは，

$$600 \text{円} + 9{,}400 \text{円} = 10{,}000 \text{円}$$

と評価されます．

また，【例5.7】の事例は，手余り状態か手不足状態かにかかわりなく，「正しいお金を受け取るか，否か」という比較ですから，失敗のコストは，そば屋の場合と同様で，10,000円です．

5.8 改善の利益を評価する問題

実際の企業で失敗のコストを正しく評価することの重要性は，単に事後的な評価をするだけでなく，そのような失敗を予防することによって，企業利益をどれだけ改善できるかを見極めることができるからです．

企業や事業部の利益を改善するためには，比較の原則にのっとって利益構造の分析をすることが必要です．そのような分析の基本については，第3話のバイオ・エレガンス事業部の事例でかなり詳しく説明しました．その知識と5.7節までの諸原理とを採り入れることによって，改善活動の経済的効果を測ることが可能です．

ただ，詳しい数値例を再度展開するのは煩雑に過ぎるので，ここでは代表的なケースについて，基本的な考え方を整理しておきましょう．詳しい数値例については，巻末の文献 [1] の4.5〜4.6節や，文献 [2] の3.6節などを参照してください．

手余り状態の事業部での改善効果

話をわかりやすくするために，あるメーカーの事業部で以下のような典型的な改善案があったと仮定しましょう．

(a) 従来は品質にむらがあったり，欠陥品が混ざったりするために，製品売価を低めに設定せざるをえなかった．そこで，品

質を向上させ，均一化することによって売価の引上げ（クレーム値引きの回避を含む）を可能にする改善案を検討している．
(b) 従来は，月平均で20％くらいの不良品が発生していたが，これを改善して，不良率を5％程度まで減らす．
(c) 段取り時間や機械故障などによる停止時間が月に30時間ほどあったのを，半減させて，生産の実働時間を増加させる．
(d) 生産工程のシステム改善によって，スピードアップを図り，稼働時間を短縮する．
(e) VE活動などによって，材料費の節減を可能にする．

手余り事業部での上記のような改善項目が利益に与える効果について，基本的な着眼点を要約しますと，図5.3 (a) のようになります．各項目ごとに簡単な説明を加えると，以下のようです．

(a) 品質を向上させて製品の売価を引き上げることができれば，「価格引上げ額×販売数量」に相当する売上収益を増大させることができます．

(b) 不良率を改善して不良品が減少すれば，それによって「作り直しのための変動費」が削減される分だけ利益が増えます．

(c) および (d) の改善によって，生産のキャパシティーが拡大されるわけですが，手余り状態で需要のほうが不足しているのであれば，「増産による利益」は生じないので，利益は改善されません．ただし，スピードアップによって稼働時間に比例する変動費が節減されれば，その分だけ利益は増えます．

(e) 材料の価格や消費量を低減させることができれば，それによって材料費が減る分だけ利益が増加します．

上述のように，手余り状態の事業部では，生産のキャパシティーを拡大してもそれだけでは経済的に無効です．しかし，もしそれを

テコにして，過剰な設備や人員を削減するという場合は，それによる固定費の減少が利益増をもたらします．

手不足状態の事業部での改善効果

製品への需要が大きくて生産のキャパシティーが不足している事業部の場合は，上例と同じような改善活動を行っても，それによる利益向上の効果はかなり相違し，図 5.3 (b) のようになります．

(a) の売価の引上げの効果と，(e) の材料費の節減効果は，手余り状態か手不足状態かに関係なく，「単価×数量」に相当する利益の改善が生じます．

(b) 不良率を低減させますと，それによって増加する良品の数に売価を掛けた額だけ利益が増えます．

(c) および (d) の改善は，生産キャパシティーを増大させ，それに伴って良品生産販売量を増加させますから，「(売価−変動費)×良品増加量」に相当する利益増がもたらされるのです．

複合的な改善活動の効果

図 5.3 の (a) および (b) を比較しますと，以上の 2 つのパターンのときの利益増大効果の違いがよくわかるでしょう．

現実の企業では，各種の改善が 1 つずつ別個に実行されることはまれで，複数の改善案を同時に採用する方策が検討されるのが普通です．

複合的改善のためには，設備の投資や取替え，人員の追加や削減など，長期的な固定費の変更を伴う場合が珍しくありません．その数値事例についても，文献 [1] の 4.6 や [2] の 3.6 などにゆずることにします．

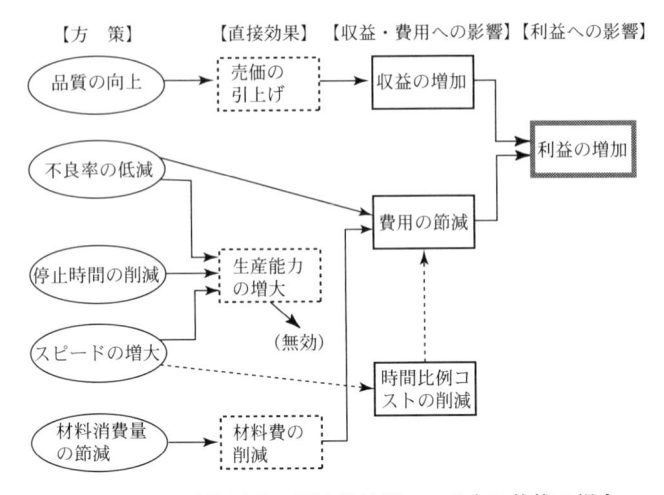

図 5.3 (a) 改善活動の経済的効果 —— 手余り状態の場合

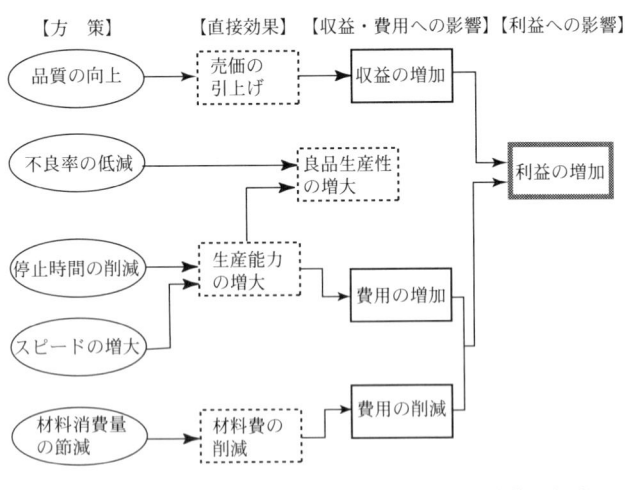

図 5.3 (b) 改善活動の経済的効果 —— 手不足状態の場合

第6話
利益の生まれ方を長期でみる
キャッシュフロー利益とお金の時間価値

　企業の計画問題でも，私たちの家計の問題でも，意思決定の効果が長期に及ぶ投資計画が含まれる場合が少なくありません．

　企業の投資計画としては，土地，建物，機械設備，車両，物流施設などの有形資産への投資がよく考えられますが，そのほかにも，たとえば特許権や意匠権などの無形固定資産への投資もあれば，人材育成のための教育投資や，研究開発の投資もあるでしょう．子会社への出資や買収という投資もあるし，市場性のある株式や社債などの有価証券に投資をすることもしばしばあります．

　家計の問題でも，車や家具，テレビやエアコンなどへの投資もあれば，住宅ローンや年金，保険などもあるでしょう．

　このように，投資計画の対象は多種多様ですが，代替案の経済性を正しく分析・評価するための基本原則は，多くの問題に共通に適用できるのです．

　この第6話では，身近な問題を例に引きながら，投資分析でよく使われる時間換算の手法と，それを用いた選択の諸原理について，基礎的なお話をすることにしましょう．

6.1　増産投資の経済性

　投資分析のための基本原則の1つは，投資計画に伴って生じる収益・費用をキャッシュフロー（お金の収入と支出）に注意を向けて

とらえ，資金の時間価値を適切に考慮して正味利益を評価することです

5年間の投資計画
【例6.1】

株式会社ふじえだ化学では，事業規模を拡大するための設備投資について検討しています．投資計画には2つの代替案があり，どちらも投資寿命（設備の使用期間）は5年間の予定です．これらの投資案は互いに排反的（どちらか片方しか採用できない）です．

A投資案は，いま200百万円投資すると，今後5年間にわたって，毎期末の稼得資金が70百万円ずつ増加します．ここで稼得資金とは，減価償却費と利息を差し引く前の利益で，毎期末のキャッシュフローとして見積もられるものです．

B投資案は，投資額を300百万円にする案で，同じく5年間にわたる毎期末の稼得資金は95百万円と見込まれています．

両案のお金の流れ（キャッシュフロー）は図6.1のようになります．どちらがどの程度有利でしょうか？

A案とB案との優劣を比較するときに，もしも資本のコストを考えなくてもよければ，両案の稼得資金の総額から初期投資額を差し引いたものがそれぞれの利益となりますから，

A案の利益： $70 \times 5 - 200 = 150$ （百万円）
B案の利益： $95 \times 5 - 300 = 175$ （百万円）

となります．このような計算をして，B案の正味利益はA案のそれよりも25百万円大きく，17%ほど有利だと結論してよいでしょうか？

6.1 増産投資の経済性　　135

〈A案〉　　　　　　　　　　　　〈B案〉

稼得資金（百万円）　　　　　　　稼得資金（百万円）

```
   70  70  70  70  70         95  95  95  95  95
 0  1   2   3   4   5       0  1   2   3   4   5
```

200百万円
投資額

300百万円
投資額

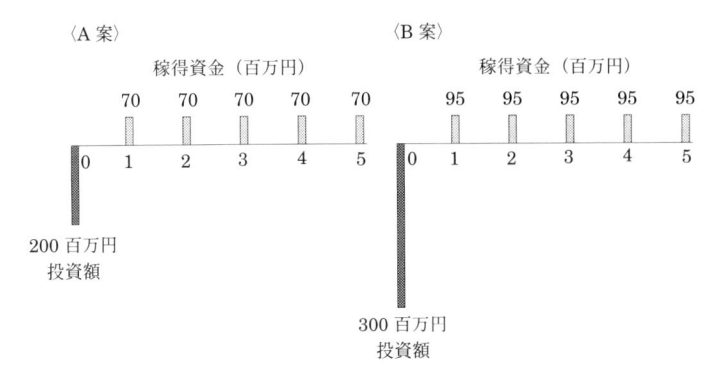

図 6.1　互いに排反的な投資案

投下資本にはコストがかかる

そのような結論は，だれしもおかしいと考えることでしょう．なぜならば，B案にはA案の1.5倍の投資が必要であり，当然投資にかかる資本のコストが余計にかかるはずなのに，上の計算にはそれが反映されていないからです．

たとえば，設備投資に必要な資金を銀行から借りれば，それに対する利息を複利で負担しなければなりません．株主からの出資金を使う場合は，出資額に見合う配当と，株主の期待する収益率をコストと考えなければなりません．また，自己資金に余裕があってそれを投下するという場合も，「その資金をほかに利用すれば得られるはずの標準的な利得」を犠牲にすることになります．

このように，投資のために調達する資金のコストまたは自己資金の標準的な運用機会を犠牲にするコストを総称して，"資本コスト（cost of capital）" と呼び，そのコストの率を "資本の利率" と呼びます．

個々の企業の資本の利率を具体的に見積もることは，かなりやっかいな仕事ですが，通常は各種源泉の利子率の重み付け平均にリスクを加味して若干高めにした利子率が用いられます．そのように加工された利子率のことを"計算利子率"と呼びます．

資本コストを考慮しながら【例 6.1】のような問題を解くためには，資金の時間価値（time value of money）という考え方と，時間換算の計算手法を理解する必要があります．そこで，【例 6.1】への解答は少し後回しにして，はじめにまず，時間価値の換算法について説明しましょう．

補説 リターン，稼得資金，キャッシュフロー

投資の「おかえし」として稼得される純収入のことを，英語の文献ではリターン（return）または稼得資金（cash earnings）と呼ぶのが普通です．

リターンの内容は，毎期末の現金収益から償却前・利子引前の現金費用を差し引いた金額とされます．会計資料を使うときには，それは償却前・利子引前の営業利益から運転資本の増分を差し引いた正味稼得資金として測定されます．

投資額や稼得資金は，お金の流れで測られるので，"キャッシュフロー"とも呼ばれます．そして，図 6.1 のような正味キャッシュフローの時系列を"正味資金流列（stream of net cash flows）"と呼びます．

なお，リターンには，税引前と税引後の 2 種のものがありますが，投資分析の基礎を学ぶ段階では，税引前の正味資金流列を考えるので十分でしょう．というのは，税引前の計算で「A 案は B 案よりも有利」と判定される問題が，税引後の計算では優劣が逆転するということはめったに起こらないからです．詳しくは，巻末の文献 [1] の第 8〜9 章を参照してください．

6.2 現価と終価との換算

ここでは,一定の計算利子率が使えるものと仮定して,資金の時間価値を測定する方法を考えましょう.

複利預金の元利合計

たとえば,100万円のお金を年利率10%の複利で3年間銀行に預けると,3年後の元利合計Sはどうなるかという問題を考えましょう(以下の例題では,金利の効果を図解しやすくするために,高めの利子率を想定しています).

100万円を預けて1年経ったときの元利合計は,

$$100 \times (1+0.1) = 110 \text{(万円)}$$

となります.銀行の金利は複利計算なので,2年後には,1年後の元利合計(元本と利息の両方)に$(1+0.1)$が掛かりますから,

$$100 \times (1+0.1) \times (1+0.1) = 100 \times (1+0.1)^2 = 121 \text{(万円)}$$

となります.そして,3年後の元利合計Sはこれにまた$(1+0.1)$が掛かりますから,元利合計Sは,

$$100 \times (1+0.1)^3 = 133.1 \text{(万円)}$$

となります.この推移を図解すると,図6.2のようになります.

一般に,現在の手持ち資金の価値(現在価値)をPとし,これをn期間にわたって利子率iの複利で運用したときの元利合計を終価Sとしますと,次式が成り立ちます.

$$S = P \times (1+i)^n \tag{6.1}$$

この$(1+i)^n$は,現価を終価に換算するための係数ですから,これを"終価係数"と呼びます.実用上は,後続のいろいろな係数を数式で記憶する代わりに,略記号を用いるのが便利です.

終価係数の略記号は,従来は$[P \rightarrow S]_n^i$という記号で表しましたが,

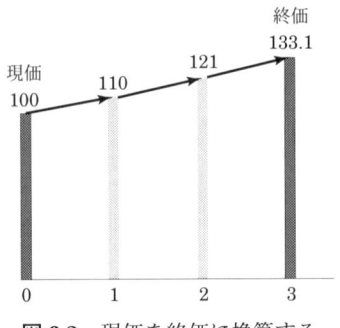

図 6.2 現価を終価に換算する

パソコンが普及したこんにちでは,「上つき,下つき」という面倒な記号は避けるほうが便利なので,$[P{\to}S](i,n)$ という略記号で表すことをお勧めします. 上の例は,

$$S=100\times[P{\to}S](10\%,3)=133.1\text{(万円)} \tag{6.2}$$

となります.

終価を現価に換算する

一方,上例とは逆に,3年後に元利合計として100万円ほしい場合は,いまいくらの預金をする必要があるかを知る,つまり現在価値(現価)P を求めたいという場合は,

$$P\times(1+0.1)^3=100$$
$$\therefore\quad P=100\div(1+0.1)^3=75.13\text{(万円)} \tag{6.3}$$

という計算を行えばよいのです. つまり,前の式の逆数を使えばよいわけです(図6.3参照).

この式の $1/(1+i)^n$ のことを"現価係数"と呼び,$[S{\to}P](i,n)$ という略記号を併用します.

これらの係数の値は,巻末の数表で知ることができますが,パソ

6.2 現価と終価との換算

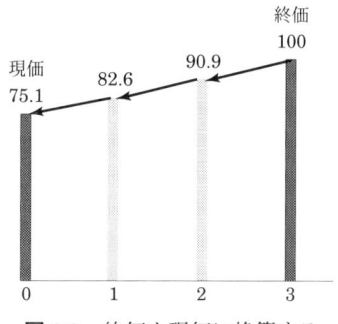

図6.3 終価を現価に換算する

コンで表計算ソフト（エクセルなど）を使える人は，ソフトに内蔵されている関数を使って容易に解を求めることができます．

次に簡単な応用例をあげておきましょう．

売上成長率と複利計算
【例6.2】

スーパーを営むはいばら商事株式会社の今年の売上高は100億円ですが，今後5年間にわたって年率10%ずつ売上高を成長させていく計画です．この計画どおりにいくと5年後の売上高はどれだけになるでしょうか？ もし成長率を20%にするとどうなるでしょうか？

5年後の売上高を S としますと，成長率10%のときの S は，
$$S = 100 \times [P \to S](10\%, 5) = 100 \times 1.6105$$
$$= 161.05 \text{（億円）} \tag{6.4}$$
であり，成長率が20%のときは
$$S = 100 \times [P \to S](20\%, 5) = 248.83 \text{（億円）} \tag{6.5}$$

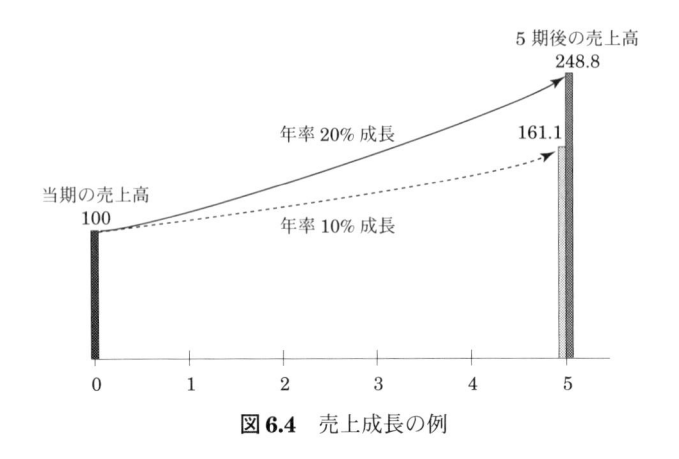

```
                              5期後の売上高
                                  248.8
         年率20%成長
                                161.1

当期の売上高
  100
              年率10%成長

  0    1    2    3    4    5
```

図6.4 売上成長の例

です（図6.4参照）．

この例のように，ある数値が毎期一定率で成長するタイプの問題では，金利計算でなくても複利計算と同じ方式を使うのです．また，成長率が10%の場合の5年後の売上高は約1.6倍になり，成長率が20%の場合は2.5倍弱になる，というように大まかに記憶しておくと便利です．

もし年数が10年の場合は，10%成長のときの元利合計（終価）は約2.6倍になり，20%成長だと6.2倍になります．

結婚準備資金の現在価値
【例6.3】

某社の経営トップである浜田さんは，ことし15歳になる親戚の娘が名門女子大学の付属高校に入学できたお祝いとして，外資系の信託預金の証書を奨学金代わりにプレゼントすることにしました．その額は，文学志望のその子が大学院を終える9年後（24歳のと

6.2 現価と終価との換算

き）に結婚資金の一部として200万円受け取れるようにしたいと考えました．預金の金利が8%のとき，額面いくらの証券をプレゼントすればよいでしょうか？ もし金利が2%の場合はどうでしょうか？

9年後の元利合計を200万円にするための現在の預入額は，次式のPとして求められます．

$$P = 200 \times [S \to P](8\%, 9) = 200 \times 0.50025$$
$$= 100.05 \text{万円} \tag{6.6}$$

つまり，9年後の受取額のほぼ半額の投資で済むのです（図6.5参照）．

ところが，もし利子率が2%しかつかない場合は，現価Pは

$$P = 200 \times [S \to P](2\%, 9)$$
$$= 167.35 \text{（万円）}$$

です．つまり利子率の差によって預入額は大変な差になるわけです．

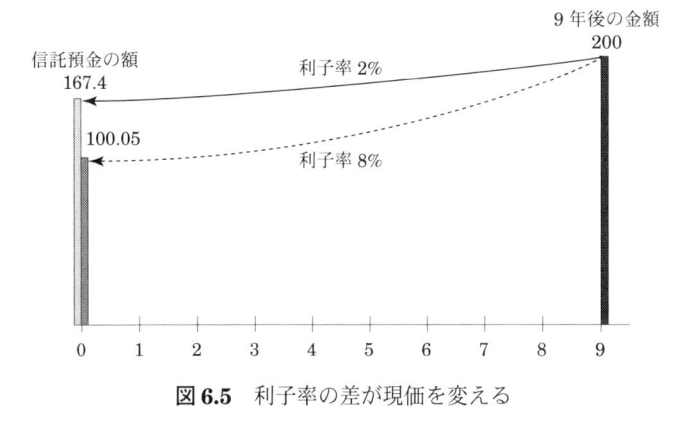

図6.5 利子率の差が現価を変える

6.3 多時点で資金の流れがある問題

以上の2つの換算法を応用しますと，収入や支出が多時点で生じるタイプの問題の現価や終価を求めることもできます．

生産システムの改善投資
【例6.4】

おがさ工業株式会社のある事業部では，生産システムを改善することを検討しています．この改善案を実施しますと，年々の稼得資金（キャッシュフローでとらえた償却前・利子引前の利益）の増分が図6.6のようになります．つまり，第1期40，第2期50，第3期35，第4期25（各百万円）と見込まれています．稼得資金は各年度末に生じるものと仮定します．第4期の収入には，設備の4期後の処分価額も加算されています．

資本の利率（計算利子率）が6%のとき，この改善投資で採算がとれるためには，初期投資額 P はいくら未満である必要があるでしょうか？

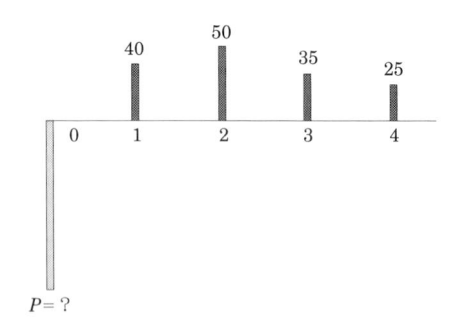

図6.6 稼得資金の流列

もしこの改善投資で年率16%以上の収益率をあげたいという場合は，初期投資がいくら未満でなければならないでしょうか？

図6.6の稼得資金を資本の利率 $i=6\%$ で現価に換算した値と，$i=16\%$ で現価に換算した値を表にまとめますと，下表のようになります．

発生時点	資金の流れ	$i=6\%$ のときの現価	$i=16\%$ のときの現価
1	40	37.736	34.483
2	50	44.500	37.158
3	35	29.387	22.423
4	25	19.802	13.807
合　計	150	131.425	107.871

正味現価の計算は，この表のように，各期のキャッシュフローをいちいち現価に換算して合計するわけですが，表計算ソフトを使える人は，この仕組みの計算とグラフ作りを，パソコンにやらせることが可能です．

6.4 毎期のキャッシュフローが均等な場合

年々のキャッシュフローが均等額である場合は，公式を用いて容易に時間換算をすることができます．

現価と年価との換算

ある金額 P を利子率7%で銀行に預け入れ，1年経つごとに20万円ずつ4回にわたって引き出すと，ちょうど4年後の元利合計がゼロになる．そういった投資をするためには，当初の預金額 P を

いくらにしたらよいか,という問題を考えてみましょう.

1年後,2年後,3年後,4年後に受け取る20万円の現在価値はそれぞれ下表のようになります.

発生時点	資金の流れの現価
1	$20 \div (1+0.07)$
2	$20 \div (1+0.07)^2$
3	$20 \div (1+0.07)^3$
4	$20 \div (1+0.07)^4$

このように「4期間にわたって毎期末に受け取る年金額20万円を,現価に換算する」ための計算は,"年金現価係数" $[M \to P](7\%,4)$ という数表を用いて,下記のように行うことができます.

$$P = 20 \times [M \to P](7\%,4) = 20 \times 3.3872$$
$$= 67.74 \text{(万円)} \tag{6.7}$$

この現在価値の計算は,巻末に用意された係数表を使うことによって,簡単に行うことができます.

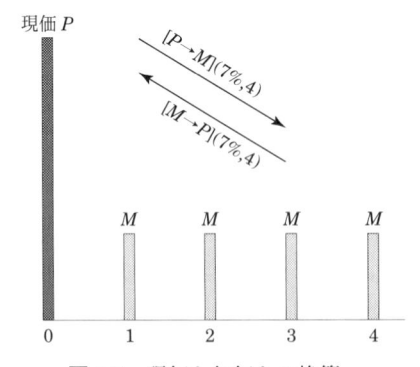

図 6.7 現価と年価との換算

上とは逆に，現在100万円の設備投資をして，その経済寿命が4年間であり，資本コストが7%のとき，この投資案がペイする（正味利益がプラスになる）ためには，年々のリターン（利子引前の稼得資金）がいくら以上でなければならないか，という問題を考えましょう．

この問題を解くためには，現在価値 P を年価 M に換算するという計算をすればよいのです．そのためには，上述の式の逆数である次の公式を用いればよいのです．

$$M = 100\text{万円} \times [P \to M](7\%, 4) = 29.5\text{万円} \tag{6.8}$$

この式で現価100万円に掛けられた係数を"資本回収係数"と呼びます．この係数は，「投下資本を金利込みで回収するためには，毎期いくら以上の収入が必要か」という判定をするために用いられるので，資本回収係数（capital recovery factor）という呼び名が与えられています．

年価と終価との換算

毎年末に80万円ずつを年利率6%の複利で積立預金していくと，4年後の元利合計つまり終価がいくらになるかという問題を考えてみましょう．

1年末，2年末，3年末，4年末に積み立てる金額の4年後の元利合計は，それぞれ

積立時点	資金の流れの終価
1	$80 \times (1+0.06)^3$
2	$80 \times (1+0.06)^2$
3	$80 \times (1+0.06)$
4	80×1

補説　現価と年価との関係

読者の中には，数学好きな方もいて，上のような時間換算の公式を一般式で整理することに興味を持つ人もいるかもしれないので，やっておきましょう．

利子率 7%，期数 4 のとき，毎期末に受け取る年金額 20 万円の現在価値の合計額 P は，次式によって求めることができます（図 6.7 を参照）．

$$P = 20 \times \left\{ \frac{1}{1+0.07} + \frac{1}{(1+0.07)^2} + \frac{1}{(1+0.07)^3} + \frac{1}{(1+0.07)^4} \right\}$$
（万円）

等比級数の和を求める公式を使って上式の { } の中を整理しますと，次式が得られます．

$$P = 20 \times \frac{(1+0.07)^4 - 1}{0.07 \times (1+0.07)^4}$$
$$= 67.74 \text{（万円）} \tag{6.9}$$

一般に，現在の資金価値を P，n 期間にわたる毎期末均等払いの金額つまり年価を M，利子率を i としますと，次の関係が成り立ちます．

$$P = \frac{(1+i)^n - 1}{i(1+i)^n}$$
$$= M \times [M \to P](i, n) \tag{6.10}$$

また，現価 P を年価 M に換算するためには，上の逆数である次式を用いればよいのです．

$$M = \frac{i(1+i)^n}{(1+i)^n - 1}$$
$$= P \times [P \to M](i, n) \tag{6.11}$$

6.4 毎期のキャッシュフローが均等な場合　　147

図 6.8 年価と終価との換算

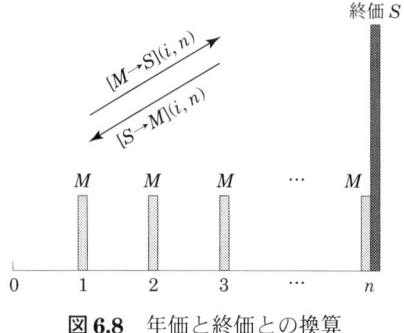

であり，これらの合計額が終価 S になるわけですから，次式が成り立ちます．

$$終価 S = 80 \times \{(1+0.06)^3 + (1+0.06)^2 + (1+0.06) + 1\}$$
$$= 80\,万円 \times [M \to S](6\%, 4) \tag{6.12}$$

この $[M \to S](6\%, 4)$ という係数を "年金終価係数" と呼びます．

この場合も，巻末の係数表を用いて

$$S = 80 \times [M \to S](6\%, 4)$$
$$= 80 \times 4.375 = 350\,（万円）$$

と解を求めることができます．

また，終価 S を毎期末均等払いの年価に換算するためには，(6.12) 式の逆数を用いればよいのです．次の例を見てみましょう．

たとえば，ある会社では 50 億円の社債を発行し，7 年後の償還に備えて，毎期末に一定額ずつを積み立てて基金に繰り入れていく計画だとします（これを減債基金，sinking fund といいます）．利子率が 8% のとき，毎回の積立額 M をいくらにしたらよいか，という問題の解は，次のように求められます．

$$M = 50 \times [S \to M](8\%, 7) = 50 \times 0.11207$$
$$= 5.6 \text{（億円）} \tag{6.13}$$

もしも，毎期首に基金に繰り入れるという場合は，積立額 M' は次のように求められます．

$$M' = \{50 \times [S \to M](8\%, 7)\} \div (1 + 0.08)$$
$$= 5.19 \text{（億円）} \tag{6.14}$$

補説　一般式による年価と終価との関係

一般に，n 期間にわたる毎期末均等払いの金額（つまり年価）を M，利子率を i としますと，その終価は次式によって求められます．

$$S = M \times \frac{(1+i)^n - 1}{i} \tag{6.15}$$

$$M = S \times \frac{i}{(1+i)^n - 1} \tag{6.16}$$

6.5　正味利益を測る3つの尺度

これまでお話ししてきた時間換算の方法を応用しますと，いろいろなタイプの投資計画の正味利益を求めることができます．

ここで，【例6.1】で例示した株式会社ふじえだ化学の設備投資計画の解を求めてみましょう．A案およびB案の正味資金流列は図6.1のようでしたから，すでに説明した公式を利用することによって，各投資案の経済性を，正味現価，正味年価，または正味終価

6.5 正味利益を測る3つの尺度

という指標で評価することができます．

会社の資本コストを無視しますと，A案よりもB案のほうが有利にみえましたが，もし，この会社の資本コスト（計算利子率）が10%だとしますと，両案の正味現価（資本コストを考慮した正味利益の現在価値）は次のようになり，実はA案のほうが有利だということがわかります．

A案：$70 \times [M \to P](10\%, 5) - 200$
$= 70 \times 3.7908 - 200 = 65.9$（百万円）

B案：$95 \times [M \to P](10\%, 5) - 300$
$= 95 \times 3.7908 - 300 = 60.1$（百万円）

また，2つの案の正味年価（資本コストを考慮した正味利益の年平均価値）は，次のように計算され，やはりA案のほうが有利と判定されます．

A案：$70 - 200 \times [P \to M](10\%, 5)$
$= 70 - 200 \times 0.2638 = 17.2$（百万円）

B案：$95 - 300 \times [P \to M](10\%, 5)$
$= 95 - 300 \times 0.263 = 15.9$（百万円）

同じく両投資案の正味終価（資本コストを考慮した正味利益の最終価値）を求めてみますと，下記のようになります．

A案：$70 \times [M \to S](10\%, 5) - 200 \times [P \to S](10\%, 5)$
$= 70 \times 6.105 - 200 \times 1.6105$
$= 427.35 - 322.1 = 105.3$（百万円）

B案：$95 \times [M \to S](10\%, 5) - 300 \times [P \to S](10\%, 5)$
$= 95 \times 6.105 - 300 \times 1.6105$
$= 580.0 - 483.2 = 96.8$（百万円）

> **補説　3つの利益尺度の関係**
>
> 　上に計算した現価，年価，終価の間には，一定の関係があることに注意しておきましょう．たとえば，A案の正味現価はB案の正味現価の何倍か調べてみますと，1.096倍です．この倍率は，2つの案の正味年価についても，正味終価についても全く同じです．
>
> 　また，A案の正味現価65.9百万円は，同案の正味年価17.2に$[M{\to}P](10\%,5)$を掛けた値に等しく，正味終価105.3に$[S{\to}P](10\%,5)$を掛けた値とも等しいのです．そのような関係は，B案の正味現価，正味年価，正味終価の間にもぴったり当てはまるのです．
>
> 　したがって，資本コストと投資寿命が等しい限り，3つの尺度のどれか1つを選んで優劣を測れば，ほかの尺度でも同じ結論になるので，実務的には計算しやすい尺度を好きに選んでかまわないのです．

6.6　長期投資案の収益率

　これまでお話ししてきた時間換算の公式と計算例は，いずれも資本の利率iと投資の寿命nが与えられたときの利益の額（現価，年価または終価）を求めるものでした．しかし，実践上は，これらの公式を応用して，投資収益率を求める方法も知っておくほうがベターです．そこで，簡単な例を使いながら，その種の応用計算についてお話ししましょう．

企業買収案の投資効率
【例 6.5】
　株式会社かけがわ電子の経営陣は，IT関係の某社との戦略的提

6.6 長期投資案の収益率

携を予定して，その会社の株式を 10 億円（1,000 百万円）で購入しました．ところが，それから 3 年経ったときに，提携は実現しないことになったので，その株式を売却したところ，（売買に関する手数料，税金などを差し引いた金額で）13 億円の売値になりました（図 6.9 を参照）．この株式への投資は何パーセントの収益率になったのでしょうか？ なお，この株式からは 3 年間無配当でした．

このような問題があるとき，10 億円の投資が 1.3 倍の 13 億円になったのだから，

$$(13 \div 10) - 1 = 30\%$$

という計算をして，収益率は 30% だと考えてよいでしょうか？

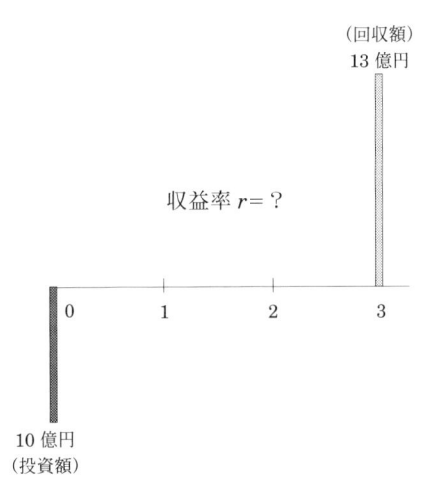

図 6.9 投資収益率を求める

それは，もちろん正しくありません．このような長期投資の収益率（"利回り"ともいいます）を求める場合は，その投資をあたかも複利の銀行預金のように見立てて，「その10億円に何パーセントの利息がつけられると3年後の元利合計が13億円になるか？」という考え方をすればよいのです．

求める収益率（預金の利子率に相当するもの）を r としますと，次式が成り立ちます．

$$10 \times (1+r)^3 = 13 \text{（億円）} \tag{6.17}$$

ここで，前の節で述べた略記号に置き換えますと，上式は

$$10 \times [P \to S](r,3) = 13 \text{（億円）}$$
$$\therefore \quad [P \to S](r,3) = 1.3 \tag{6.18}$$

と書くこともできます．

したがって巻末の数表から，$n=3$ のときの終価係数がほぼ1.3になるような利率 r（数表では i の値）を求めますと，

$$r = 9\%$$

です（端数は丸めてあります）．ですから，もしこの企業の資本の利率が10%であれば，この株式への投資は採算がとれなかったという判定になるのです．また，会社の資本の利率が5%であれば，この株式への投資は採算がとれるものだったということになります．

上の計算からわかるように，投資収益率（投資利回り）とは「正味終価がちょうどゼロになるような利率」のことだと定義することができます．

ところで上述の計算の代わりに (6.17) 式の両辺を $(1+r)^3$ で割って，

$$10 = \frac{13}{(1+r)^3} \text{（億円）} \tag{6.19}$$

を満足する r の値を求めても，前と同様の解が得られます．この式の意味は，3年後の現金収益の現在価値を投資額と等しくさせるような割引率，つまり「正味現価をゼロにする r の値」が投資収益率だということです．この式を略記号で書き直してみますと，

$$13 \times [S \to P](r,3) = 10$$
$$\therefore \quad [S \to P](r,3) = 0.7692 \tag{6.20}$$

となります．したがって，数表から，$n=3$ のときの現価係数が約 0.7692 になるような利率を求めますと，$r=9\%$ という前と同じ解が得られるのです．

多時点で稼得資金がある場合

このような計算法は，投資から生じる稼得資金（リターン）が何期にも分けて生じる問題にも適用することができます．

たとえば30億円の設備投資をすると，6年間にわたって毎期末に9億円ずつのリターン（償却前，利子引前の稼得資金）が見込まれるという場合を考えましょう（図6.10を参照）．

この場合は，30億円の投資に資本回収係数を掛けた値が9億円になると考えて，

$$30 \times [P \to M](r,6) = 9 \text{（億円）}$$

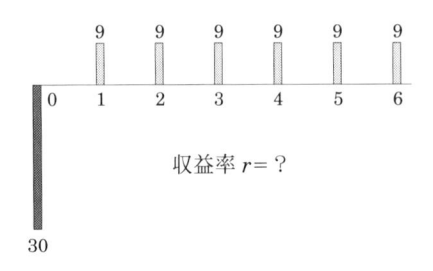

図6.10 多時点で稼得資金がある投資の収益性

$$\therefore \quad [P{\to}M](r,6)=0.3 \tag{6.21}$$

という計算をすればよいのです．この式から，$n=6$ のときの資本回収係数の値がほぼ 0.3 になるような利子率を数表から求めますと，

$$r=20\%$$

となります．

上と同じ解は，「毎期9億円ずつのリターンが6回続くときの現在価値が30億円になる利率」を求めるという考え方で計算することもできます．つまり，

$$9\times[M{\to}P](r,6)=30 \text{（億円）}$$

$$\therefore \quad [M{\to}P](r,6)=3.333 \tag{6.22}$$

になるような利率を年金現価係数の表から求めますと，

補説　内部収益率（IRR）という呼び名

欧米の企業経済学や財務管理などの文献では，投資収益率とは，年々の現金収益を利率 r で現在価値に割り引いたときの合計が初期投資とちょうど等しくなるような割引率のことであるという定義を強調するために，しばしば"DCF法（discounted cash flow method）による収益率"という呼び方がされています．

また，その率は投資案自身の（内部の）利回りであって，銀行など外部から調達される資金（たとえば借入金）の利子率（外部利子率）とは違うのだと区別するために，"内部収益率（internal rate of return; IRR）"という呼び名が広く使われるようになったのです．

たとえば，表計算ソフトやプログラム電卓で利回りを計算するときに「IRR を求める」というのはその用語法です．

$r = 20\%$

になるのです．

　以上の計算例からわかるように，投資収益率とは，「正味終価，正味現価，正味年価のいずれかをゼロにするような利率」のことである，と定義することができるのです．

6.7　寿命の異なる投資案

　企業では，比較の対象になる投資案の寿命が相違する問題がしばしば生じます．次の例を見てみましょう

【例 6.6】

　はまな運輸会社では，配送用に使うトラック群への投資計画としてG–1およびG–2という2つの代替案の優劣を検討しています．それぞれの初期投資額と，毎年の稼得資金，および寿命は図6.11のようです．つまり，トラック群G–1の寿命は4年であり，G–2の寿命は6年です．どちらかを選べば，将来も反復的に取り替えていく予定です．資本の利率が10%のとき，どちらの案が有利でしょうか？

　このように寿命の異なる投資案を比較する問題に，もし現価法を適用しようとしますと，比較の対象になる期間をそろえることが必要ですから，両案の最小公倍数の寿命である12年間のキャッシュフローを予測しなければならず，かなり面倒です．

　もしそういう手間をかけずに，各案の正味現価を比べますと，

　　　G–1案： $50 \times [M \to P](10\%, 4) - 100 = 58.5$（百万円）
　　　G–2案： $60 \times [M \to P](10\%, 6) - 200 = 61.3$（百万円）

⟨G–1案⟩

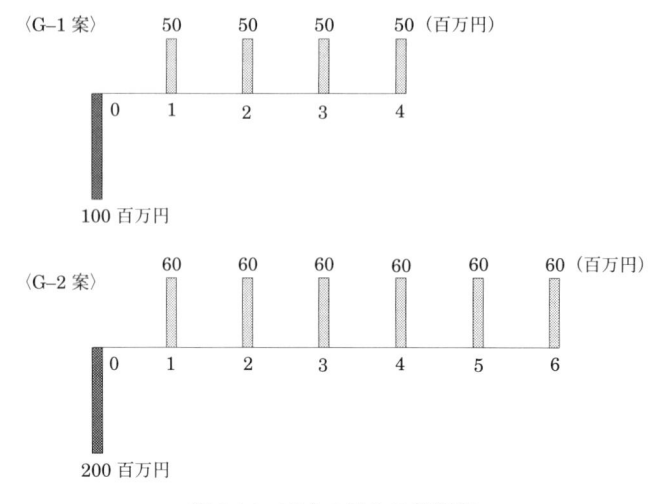

100百万円

⟨G–2案⟩

200百万円

図6.11 寿命の異なる投資案

となって，G–2案のほうが有利に見えます．

しかし，こういう問題では，現価法よりも年価法を用いるほうが適切なのです．年価法の場合は，最小公倍数の年数まで考えることをせずに，各案の1回分の正味年価をそのまま比較してかまわないからです．いま，両案の1回目の投資案の正味年価を求めますと，

G–1案：$50 - 100 \times [P \to M](10\%, 4) = 18.45$（百万円）

G–2案：$60 - 200 \times [P \to M](10\%, 6) = 14.08$（百万円）

となって，実はG–1案のほうが有利なのです．

この方法は，各投資案から生じる資金流列が類似反復するという仮定を置くものですが，実際には厳密に類似反復するということはなくても，「2回目以降の設備からも，1回目とほぼ同程度の正味年価が期待できる」という仮定をおけば，優劣の判定には十分です．

現在価値法一辺倒ではいけないということは、いわゆる"ライフサイクル・コスト"の評価などに応用されます。次の節をご覧ください。

6.8 ライフサイクル・コスティング

上述のような考え方が典型的に応用できる実務例として、いわゆるライフサイクル・コスティングの問題があります。エアコンの購入という事例で考えてみましょう。

エアコンの購入計画
【例 6.7】

わかば商店では、店舗用の大型エアコンの寿命がきたので、新しい機械を購入することを検討しています。電器店のお勧め商品 AC–1 は、40万円でやや高価ですが、最新の省エネ・インバーターがついているので、電気代は月額1.2万円程度、年間ではその8倍（8か月分）です。

もう1台のお勧め商品 AC–2 は、モデルチェンジ前のものなので、値段は半額以下の18万円で済むという格安品です。ただ、電気の消費量は AC–1 の2倍余りかかるので、電気代は月額2.5万円ほどです。

工事代その他の付帯経費は同額で、音や風量などの使い勝手は実用上大差ないということです。ただし、機械の寿命（客の快適さを損なわずに使える年数）は、AC–2 は7年なのに対して AC–1 は15年ということです（図6.12参照）。

わかば商店の経営者は、当面の投資負担を考えて、AC–2 にしたいと望んでいますが、念のため、両機種の経済性を比較しておきた

⟨AC–1⟩

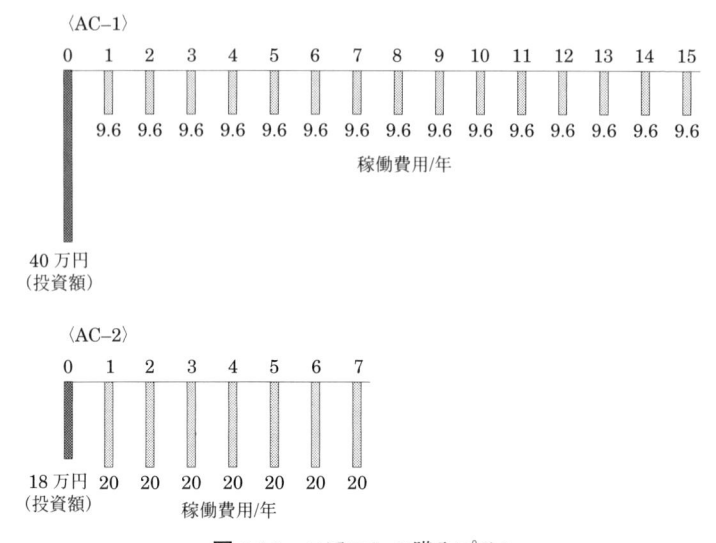

0 1 2 3 4 5 6 7 8 9 10 11 12 13 14 15
  9.6 9.6 9.6 9.6 9.6 9.6 9.6 9.6 9.6 9.6 9.6 9.6 9.6 9.6 9.6
                          稼働費用/年

40万円
（投資額）

⟨AC–2⟩

0 1 2 3 4 5 6 7
  20 20 20 20 20 20 20

18万円
（投資額）　稼働費用/年

図 6.12 エアコンの購入プラン

いと考えています．

現在価値で比べればよいか

このエアコンの買替え問題のように，初期投資の大きい設備は年々の稼働費用が小さく，寿命も長めであるというケースは，私たちの家計でも，企業の設備投資でもよく見かける問題です．

このような違いがあるのだから，単に目先の投資コストが高いか安いかだけではなく，その寿命全体のコストに注意を払うべきだという意味で"ライフサイクル・コスティング（LCC）"という言葉がよく使われています．

ところで，そのライフサイクル全体のコストを評価するときに，正味現価（NPV）を尺度にせよと説明されることが多いのですが，

寿命の異なる設備の比較に現価法を適用することは誤りの原因になりやすいので注意が肝要です．

かりにこの商店の資本の利率が5%であり，年々の電気代の支払額は金利を加味して年度末の額に換算した額だとしますと，両種エアコンの正味現価は

$$\text{AC–1}：40+9.6\times[M{\to}P](5\%,15)$$
$$=40+99.6=139.6（万円）\qquad(6.23)$$
$$\text{AC–2}：18+20\times[M{\to}P](5\%,15)$$
$$=18+115.7=133.7（万円）\qquad(6.24)$$

となり，旧モデル AC–2 のほうが有利に見えます．

わかば商店の経営者は，最近はほとんど「ゼロ金利」だと考えているので，かりに資本の利率をゼロとして現在価値を求めてみたところ，下記のようになって，AC–2 のほうがかなり有利にみえます．

$$\text{AC–1}：40+9.6\times15=184$$
$$\text{AC–2}：18+20\times7=158$$

この例では年価法でなければいけない

わかば商店の経営者の判断は大きな間違いを含んでいます．これは，寿命の異なる投資案の比較ですから，年価法を適用して優劣を比較すべきです．そうすると，

$$\text{AC–1}：40\times[P{\to}M](5\%,15)+9.6$$
$$=3.85+9.6=13.45（万円）\qquad(6.25)$$
$$\text{AC–2}：18\times[P{\to}M](5\%,7)+20$$
$$=3.11+20=23.1（万円）\qquad(6.26)$$

となり，実は最新の AC–1 型機を購入するほうが年平均額で見て，旧モデルの AC–2 型機より6割程度も安くつくのです．

この年価法という手法は,「1期当たり平均コスト」に換算することによって,寿命の違う複数の投資案を比較することができるようにしようとするものです.かりにゼロ金利の場合を想定しますと,それぞれの年価は

  AC–1 ： $40 \div 15 + 9.6 = 12.27$

  AC–2 ： $18 \div 7 + 20 = 22.57$

という計算になるのです.

第7話
経営資源の効率に注意を向ける
複数投資案の比較と選択

これまで著者は，多くの場所で資源の効率とか制約要素の効率ということに注意を向けるよう促してきました．この第7話では，投資分析の続編として，経営資源の効果的・効率的な活用という問題に目を向けることにしましょう

7.1 独立案からの選択と収益率

第6話では，ある方策に「投資するか，しないか？」という判定をしたり，2つ以上の投資案を比較して，「どちらがどれだけ有利か？」，「どの投資案が最も有利か？」，などの比較をする問題を主として扱いました．

このように，複数の案の中から最適な案を1つ選ぶ問題を"排反案からの選択"問題といいます．

これに対して，AおよびBという2つの案があるとき，「Aだけやるか？」，「Bだけやるか？」，「AとBとの両方をやるか？」，「どれもやらないか？」という任意の組合せが可能で，各案の収益や費用が互いに影響しあわないというタイプの問題もあります．このタイプの問題を"独立案からの選択"問題といいます．

たとえば，チェーン展開をしているドラッグストアの経営者が，次年度の投資予算で，「A. 新宿に出店する」，「B. 横浜に出店する」，「C. 浦安に出店する」という3つの候補案を検討しており，各案は

互いに影響し合わない（独立だ）としますと，実行可能な組合せは，「Aだけやる」，「Bだけやる」，「Cだけやる」，「AとBをやる」，「AとCをやる」，「BとCをやる」，「AとBとCをやる」，「どれもやらない」という8通り（つまり2の3乗）の組合せが可能です．

案の数がさらに増えて，独立案の数が8つあれば組合せの数は256（＝2の8乗）通りになるし，独立案の数が10あれば組合せの数は1,024通り，……というように，指数関数的に増えていきます．

このように，独立案の数が多くなると，すべての組合せを調べるということは実用性がなくなりますから，より簡便な選択手法を工夫する必要があるのです．

簡単な例をあげて考えていきましょう．

7.2 投資効率の異なる融資案

【例7.1】

もと銀行員の松川さんは，定年前に脱サラし，自己資金と金融業界の人脈を元手にして小さな消費者金融会社まつかわ商事を営んでいます．この事例は，「サラ金」の経営指導をする話ではもちろんなくて，利回りの違いが大きい代替案を例にして，投資効率の着眼点を学ぶための素材です．

松川さんが経営するまつかわ商事には，目下余裕資金（自己資金）が40百万円ありますが，いま甲，乙，丙という3人の客がそれぞれ20百万円ずつ借りたいと申し込んできています．

各投資案から得られるリターン（稼得収益）——ここでは，貸付金からの利息——は，顧客の担保力や緊急性に応じて一様ではなく，甲氏は10%（1年後に2百万円），乙氏は15%（3百万円），丙氏は

20％（4百万円）払うといっています．融資期間はいずれも1年間で，貸倒れの心配はないものとします．

松川さんは，3人にお金を貸すこともできるし，1人または2人を選んで貸すこともできます．また，「だれにも貸さない」という案を採ることも可能です．つまり，3つの投資案は互いに独立です．

まつかわ商事にとって，自己資金が余ったときの投資機会としては年利率5％の標準利率で運用するのが精一杯です．したがって，3人の客はいずれも魅力のある客です．

しかし，自己資金だけでは3人に融資することはできないので，同業者の宮田氏が営む**みやた商事**に打診したところ，「オーケーだけれど，ビジネスはビジネスだから，当方の規定に従って，年利率17％頂戴しますよ．それでよければ，20百万円融通しましょう」という返事でした．

以上の現状を図解すると，図7.1のようです．

松川さんはこう考えました．**みやた商事**は17％という高い利息を吹っかけてきたけれど，自分は丙氏からもっと高い利息をとるのだから，**みやた商事**から調達する資金20百万円を丙氏に貸し，自

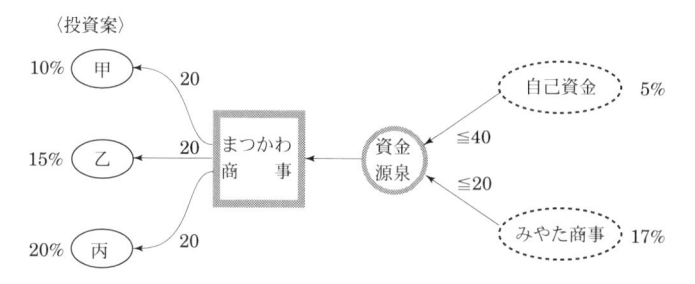

図7.1 3つの投資案と資金源泉

己資金を甲氏と乙氏に20百万円ずつ貸すことにするのがよい,と.

さて,松川さんの考え方は正しいでしょうか? もっとよい方法はないでしょうか?

コストの高い資金は収益の大きい相手に貸せばよいか

松川さんの意見は一見もっともらしく聞こえますが,いろいろ調べてみますと,もっと有利な方法があることがわかります.それは,「手持ちの資金40百万円だけを乙と丙に貸す」ことにして,「みやた商事からは借りず,甲には貸さない」ことです.

2つのやり方について,稼得資金から資本コストを差し引いた正味利益(つまり正味終価)の合計を比較してみますと,

(a) 松川さんの案:
   (稼得資金2+3+4)−(資本コスト5%×40+17%×20)
   =9−5.4=3.6(百万円)
(b) 改良案:
   (稼得資金3+4)−(資本コスト5%×40)
   =7−2=5(百万円)

となり,(b)のほうが有利なのです.

右下がり右上がりの原則

さて,上の説明では,「いろいろ調べてみて」もっとよい答えを見つけたといいましたが,実務上は,こういう問題を間違いなく簡便に解くための方法論が必要です.そのポイントは,「制約された資源の効率的利用」という考え方です.

まつかわ商事には,資金が無限にあるわけではなく,投資にはコストもかかります.だから,上手に貸す相手を選別し,「正味利益(この例では正味終価)の総額を最大にする組合せ」を選ぶことが

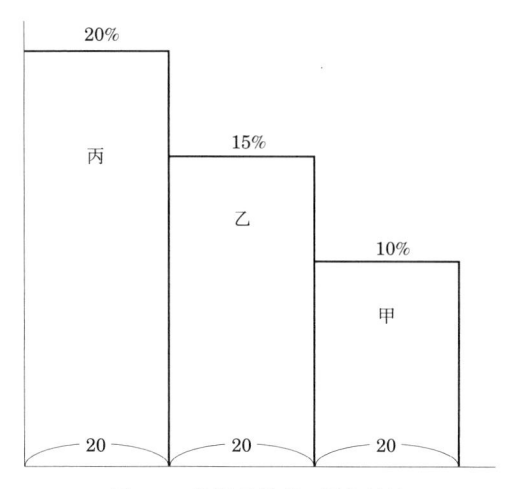

図 7.2 投資収益率で順位付け

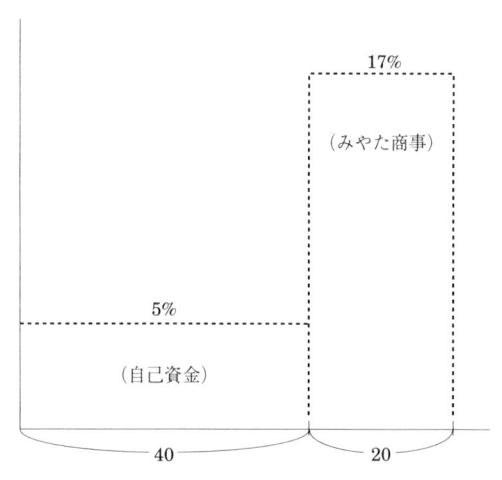

図 7.3 資本の利率で順位付け

必要です．そのためには，3つの投資案の効率（この例では投資収益率）を調べ，効率のよい案を優先する必要があります．すると，丙への投資収益率が20%で最高であり，乙は15%で第2位，甲は10%で最低です（図7.2参照）．

次に，利用できる資金のほうは，コスト率（この事例では資本の利率）の低いものから順に選んでいくことが肝要です．この例では，標準利率5%の自己資金を優先して使い，自己資金が不足する場合にはじめて宮川商事から借りるという方法を講じるべきです（図7.3参照）．

優先順位がわかったならば，右下がりになっている図7.2と，右上がりになっている図7.3とを合わせて図7.4を作ります．実際には図7.2と図7.3とをはぶいて，いきなり図7.4を描いてもかまいません．

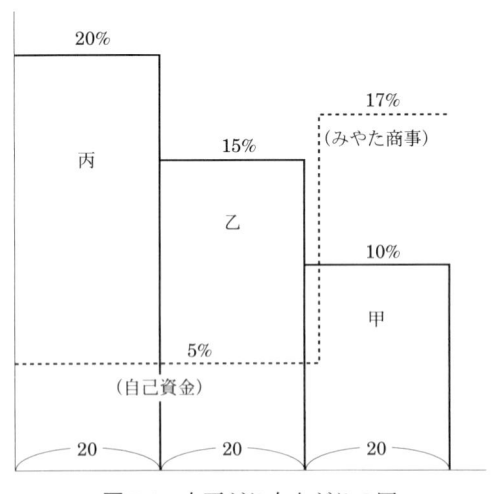

図7.4 右下がり右上がりの図

図7.4で,「右下がり」の収益率の線と,「右上がり」の資本の利率の線が交わる点より左側の案を採用します.この例では,40百万円の自己資金を使って,丙氏と乙氏に貸すことになります.

以上の手順を私たちは"右下がり右上がりの原則"と呼んでいます.経済の専門語が好きな人は,図7.4を"限界効率図表"とか"限界生産性図表"などと呼んでもかまいません.

なお,実際には,甲,乙,丙への投資金額がこの例のように同じとは限りませんが,それでもかまわないし,資金の源泉がいくつあっても「右下がり右上がり」の原則は適用可能です.

7.3 感度分析とポリシーのコスト

上述のように右下がり右上がりの原則によって整理しておくメリットは,わかりやすく簡単に正解が求まることですが,それと同時に,状況が変わった場合の感度分析がやりやすいということもあります.

利回りの低い客に義理を果たすコスト
【例7.2】

まつかわ商事にとって,甲氏は,日ごろお世話になっている人からの特別紹介なので,最優先して貸さなければならない顧客であるという事情がある場合を想定しましょう.甲氏は有望なベンチャービジネスを起こそうとしているということも紹介者から聞いています.

もし松川さんが,甲氏に義理を立てるというポリシーを採用することにすると,全体としての選択はどう変わるでしょうか? この「義理を果たすコスト」はいくらにつくでしょうか?

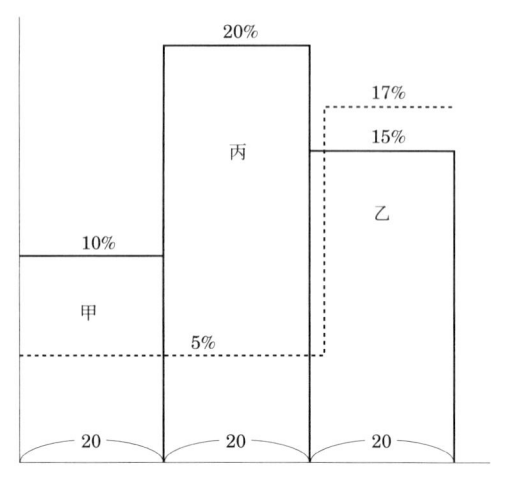

図 7.5 義理のある客を優先する

このように，義理のある顧客への貸付を最優先するということを「経営ポリシー」として採用する場合は，図 7.5 に示すように，ポリシーによって最優先する甲案を左端におき，あとは経済性分析の原則に従って，収益率の大きい案から右下がりに並べます．一方，資金のコストは前と同様に右上がりに並べます．

すると，図 7.5 からわかるように，この条件の場合は，「甲および丙の 2 人に貸す」のが最適ということになるのです．念のため，その場合の正味利益を確かめてみますと下記のようになります．

(稼得資金 2+4)−(資本コスト 5%×40)
=6−2=4（百万円）

利回りの低い甲氏に義理を果たすというポリシーを採用せず，もっぱら経済性だけを考えて選択する場合の正味利益は 5 百万円だったのに対して，義理を果たすというポリシーを採用する場合の正味

利益は4百万円ですから，差し引き1百万円が「ポリシーのコスト」になります．

実際の企業でも，たとえば経済界や政界などの人脈を保つというポリシーを重視する例は珍しくありません．しかしそういう場合も，それによる「当面の利益の減分」をきちんと計算して，人脈保持というポリシーのコストを認知しておくべきでしょう．

また，ベンチャー企業の将来性を見込んで当面の収益率が低い対象に「戦略投資」を行うことも，実務ではよくあります．そういう戦略を採用するメリットを金額で測ることはなかなか困難ですが，そのポリシーのコストは，上例と同じ考え方で見積もりがしやすいのです．経営者は，「いまその義理を果たす（戦略投資を行う）結果として，将来1百万円を十分に超えるリターンがある」と判断したら積極的にやればよいし，それほどのメリットはないと判断したらそのポリシーをやめにすればよいのです．

経営トップは，「ポリシーのコスト」のほうを計数で示されれば，それを上回るメリットの戦略かどうかという判断ができることが多いのです．その種の判断まで部下のスタッフにやらせて，「おまえが計算してこい」などというようでは，トップとして失格でしょう．

義理を果たす相手が複数の場合
【例 7.3】
松川さんは，甲と乙の2人に義理があって，この2人には優先して貸さなければならないという事情があるという，別の場合を想定してください．その場合はどういう選択をするのがよいですか？2人に義理を果たすというポリシーのコストはいくらにつくでしょうか？

こんどは，義理を果たしたい客が1人ではなく，甲と乙の2人いるという場合です．こういう場合は，2人への義理を果たすことを優先し，あとは経済性を考えた選択をすることにします．すると，図7.6のようになります．

この図を見ればわかるように，「甲と乙に義理を果たす」という前提の場合は，残りの経済的意思決定として，「丙にも貸し，宮川商事から20百万円借りる」ことにする（全体としては，「甲，乙，丙の3人に貸す」案にする）ほうが，「甲および乙だけに貸す」よりは有利です．念のため確かめてみますと，

(a) 甲，乙，丙に貸す：

（稼得資金 2+3+4）−（資本コスト 5%×40+17%×20）

=9−5.4=3.6（百万円）

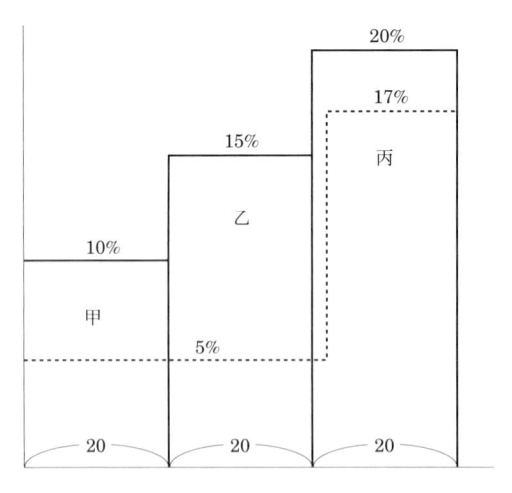

図7.6 義理のある客が複数いる

(b) 甲と乙に貸す：

(稼得資金 2+3) − (資本コスト 5%×40)

= 5−2 = 3（百万円）

となります（図 7.5 参照）.

このように，「甲と乙に義理を果たす」というポリシーを採用すると，当初の経済的最適案と比べて正味利益が 1.4 百万円 (=5−3.6) 減少します．つまり，ポリシーのコストは 1.4 百万円と評価されます.

> **補説 多目標を満足化する計画**
>
> 実際企業の投資計画では，投資案の数が多くて，戦略ポリシーの対象になる案がもっと多いかもしれません．そういう場合は，「すべての戦略案を最優先する」ということはできなくなるので，主要な戦略を絞りこみ，「戦略ポリシー・ミックス」の効果と，それぞれのポリシーのコストを計算して検討するといったことも行われることでしょう.
>
> そのような多様な戦略ミックスの検討のために，数理計画の手法を応用して分析する手段として，"目標計画法（goal programming; GP）という方法論があります．実践志向の GP の解説書としては，巻末の文献で [10]，特にその 1〜2 章と 7 章を参照してください.

7.4 資本予算の配分問題

企業では，互いに独立な複数の部門から設備投資計画が提案され，本社の企画部門や財務部門が資金の配分をするという問題があります．これを"資本予算の配分計画"と呼びます.

本社には，投資提案のすべてを採用するほど十分な資金はない場合が多く，資本にはコストもかかるのですから，できるだけ効率よく資金の配分をしなければなりません．

その場合は，長期投資案の収益率を計算するという手間はかかるものの，原理的には，前と同様に，"右下がり右上がり"の原則を応用することになるのです．小さな例をあげておきましょう．

【例 7.4】

株式会社まなづる興産は，次年度の設備予算を立てています．いま，互いに独立な 6 つの事業部門から，それぞれ表 7.1 に示すような投資案が本社の財務部に提案されています．資本コストとしては，株主を満足させるための必要利回りも考慮に入れて，12% という高めの利率を設定しています．利用できる設備予算の総枠が 400 百万円に制限されているとき，どのような選択をすべきでしょうか？ 毎期のリターンは一定で，寿命は各案とも 8 年と仮定します．

このように資金量に制約がある場合は，各投資案の収益率を求めて，それの高いものから順位付けをしていきます．すると，図 7.7

表 7.1 互いに独立な長期投資案

投資案	初期投資	稼得資金
A	100 百万円	34 百万円
B	180	47
C	80	30
D	140	45
E	150	34
F	170	32

7.4 資本予算の配分問題

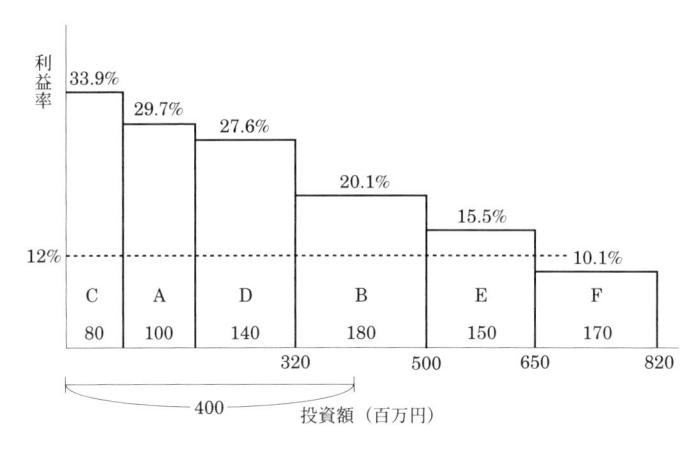

[図: 利益率の棒グラフ。左から C(80, 33.9%), A(100, 29.7%), D(140, 27.6%), B(180, 20.1%), E(150, 15.5%), F(170, 10.1%)。累積投資額は 80, 180, 320, 500, 650, 820 百万円。12%の水平線と、400百万円の位置が示されている。]

図 7.7 投資効率による資本予算の配分

のようになりますから，投資に利用できる資金量が 400 百万円のときは C, A, D の 3 つの案を採り，B と E と F はやめにすればよいのです．

そのような選択をする結果として，正味現価または正味年価の総和（つまり正味利益額の合計）が最大になるということも心得ておきましょう

なお，この例では，F 案の収益率は同社の資本の利率 12% よりも小さいですから，資金量が十分のときも F 案が採用されることはありません．

このように，収益率（つまり投資の効率）で順位付けをすることのメリットの 1 つは，資本の利率や資金量の制約が変わった場合の感度分析がやりやすいことです．たとえば，利用可能な資金をあと 100 百万円調達する道があり，その追加調達の資本コストが 12〜14% 前後だという場合は，B 案を追加採用して利益を増やすこと

ができます．また，利用可能資金があと 80 百万円ほど減って 320 百万円になっても，最適選択は変わらないといったことが容易に読み取れるのです．

現実の企業では，各案の寿命がすべて 8 年で一定しているという事例はまれで，投資案件ごとに相違する場合も少なくないでしょう．

その場合は，「寿命の異なる投資案の比較選択には年価法が適している」という原理（第 6 話の 6.7 節を参照）を応用して，各案の「正味年価をゼロにする」利率として投資収益率を求め，十分な感度分析を添えるなどすればよいわけです．

7.5 物的資源が制約になる問題

上述のような"効率"指標の考え方は，投資問題以外の，物的な資源が制約になる場合にも適用可能です．

【例 7.1】の松川さんと似たような間違った発想は，製造業や流通業でもよく見られるので注意が肝要です．

効率のよい工場と悪い工場

あるメーカーがいくつかの工場で同種の製品を作っているとします．大都市の市場に近い新鋭工場もあれば，地方の古い工場もあります．工場によって自動化の度合いも違うし，人手のかかり方も違うので，たとえ同じものを作っても製造コストが違います．

こういうときに，「コストの高い工場で作る製品は売価の高い市場で売り，コストの安い工場で作るものは売価の安い市場で売らなければならない．そうすれば，どの工場もフル操業になって幸せなのだ」という経営者がよくいます．

このような考え方をすると，ちょうど松川さんと同じような間違った決定になりやすいので注意しなければなりません．「右下がり右上がり」の図の最右端にいるような工場は真剣にリストラクチャリングを考えなければならないのです．

製品ミックスの問題

選択受注を行う企業や事業部では，互いに独立な複数の受注候補製品の中から有利な注文の組合せを選択する問題がよく生じます．

かりにその企業が好況のため手不足状態になっているときには，すべての注文を引き受けることはできないという状況になります．その場合は，生産時間という枠の中に，受注製品の利益効率を吟味して並べていくという問題が生じます．したがって，その場合に優先順位を決める尺度としては，各注文から得られる粗利益を，それに要する投入時間で割った値，すなわち投入時間当たりの粗利益というものさしを"利益効率"の尺度として役立てることになります．

第4話でとりあげた製品ミックスの問題（四半期の利益が最大になるような製品の組合せを選ぶ問題）は，実は，このような物量制約を考慮する問題の代表例だったのです．

ただし，製品ミックスを求める問題では，各製品の生産販売量を任意に分割することが可能なのが普通なのに対して，投資計画の問題では，投資額を任意に分割することはできないのが常であるという違いがあります．

いずれにせよ，制約要素の利益効率を指標にし順位付けをするという方法は，多くの分野に応用可能です．

7.6 投資制約が半端なときの選択法

上述のように，各投資案それぞれの利益効率を求めて順位付けをするやり方は，独立案の数が多くなり，資金の制約もさまざまだったりする場合には特に大きな威力を発揮します．ただし，案の数が少なく，資金量と投資総額とが一致しない（中途半端な制約の場合）には注意が肝要です．計算を簡単にするために，【例7.1】のまつかわ商事と似た1年間の融資計画の問題を想定しましょう．

【例7.5】

たけやま商会では，J, K, L という互いに独立な3つの投資案から任意の組合せを選ぶ問題に当面しています．各案とも1年間の投資問題であり，それぞれの投資額と1年後の稼得収益は表7.2に示すようです．資本の利率は10%です．

投資に使える資金が，（イ）300万円の場合，（ロ）400万円の場合，および（ハ）500万円の場合について，それぞれ最有利な投資ミックスを考えてみましょう．

表7.2 投資額の異なる3つの独立案

	投資額	収 益	利 益	収益率
J 案	100	125	25	25%
K 案	200	240	40	20%
L 案	300	348	48	16%

この問題も「独立案からの選択」ですから，図7.8のように各案の投資収益率を求めて，右下がり右上がりの原則を適用したいのですが，資金量の制約が中途半端なので，以下のような注意が肝要です．

7.6 投資制約が半端なときの選択法

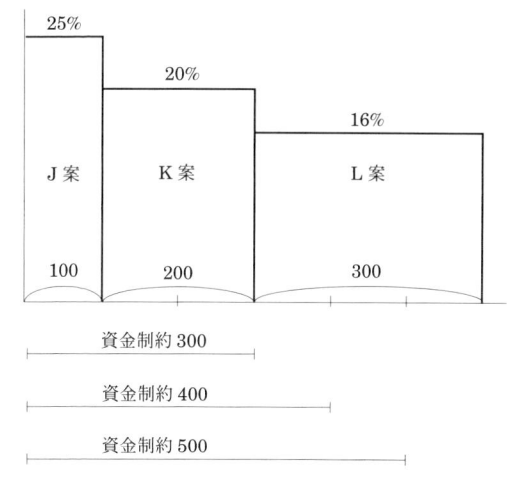

図7.8 資金量の制約が半端になる問題

資金制約がぴったりのとき

まず（イ）（資金制約が300万円）の場合については，収益率の大きな順にJ案とK案とを選ぶとちょうど資金制約いっぱいを使い切るので「J案とK案を選ぶ」という意思決定をすればよいのです．その場合の資本コスト差引後の利益（正味終価）は，

$$25+40-10\% \times 300 = 35（万円）$$

になります．

資金が半端に余る場合

次に，（ロ）（資金制約400万円）の場合は，次の2つの組合せ候補について比べてみる必要があります．
(a) 収益率の大きい順にJ案とK案を選ぶ
(b) J案とL案を選ぶ

これらのうち，(a)の組合せは上の（イ）と同じですから，正味利益は35万円です．しかしこの選択ですと，300万円投資して100万円余らせることになるので，念のため「J案とL案を選ぶ」という別の組合せ候補について調べておく必要があります．そうすれば資金をちょうど400万円使うことになるからです．

ところが，この(b)の組合せについて，資本コスト差引後の正味利益を求めますと，

$$25+48-10\% \times 400 = 33（万円）$$

となります．この(b)の組合せは，資金を制約いっぱい使うにもかかわらず，(a)の35万円よりも正味利益が小さくなるので，この組合せはとらず，資金を100万円余らせるほうが有利なのです．なお，余った100万円は10%で運用することになるのです．

下位連合もありうる

こんどは，（ハ）（資金制約500万円）の場合について考えてみましょう．この場合は，次の3つの組合せ候補があるので，それらを比較する必要があります．

(a) 収益率の大きい順にJ案とK案を採用（200万円余る）

(b) J案とL案を採用する（100万円余る）

(c) K案とL案を採用する（資金を使い切る）

各組合せの正味利益うち，(a)は35万円，(b)は33万円でしたから，さらに(c)の組合せについて調べますと，資本コスト差引後の正味利益は，

$$40+48-10\% \times 500 = 38（百万）$$

となります．つまり，投資効率の順位ではなく（このケースでは）「二位三位連合」を選ぶほうが，正味利益が大きくなるのです．

このように，独立案の数が少なく，資金制約が中途半端になるよ

うな事例の場合は，各組合せについての正味利益の額を調べてチェックすることが必要なのです．

この事例の教訓は，独立案からの選択というのは，「最適な組合せを選ぶ問題」であって，利益効率で順位付けするのは手段にすぎないということです．実務で生じる多くの問題は，独立案の数がもっと多かったり，資金の調達面がフレキシブルだったりすることが多いので，通常は「効率の大きい案から順位を付ける」方法で解けるわけです．

ただし，「意地の悪い問題」にぶつかったときには，「独立案からの選択とは，本来どういう問題だったのか？」という原点に立ち返って考えることが重要なのです．

7.7 その他の応用課題

経営資源の効率に注意を向けることの重要性と，分析の勘どころについては，以上のお話で一通り理解してもらえたと思いますが，実務で生じる投資問題は，必ずしも互いに独立な諸案から任意の組合せを選ぶ問題（独立案からの選択問題）だけではなく，以下のように多様な問題があるのです．

排反案からの選択問題

互いに排反的な複数の投資案から1つを選ぶ問題の場合は，投資収益率の大きい案を優先するという考え方では正しい選択はできないので，すでに第6話で示唆したように，現価法とか年価法などのように正味利益の額を指標にすることが重要です．

たとえば，【例6.1】のふじえだ化学のA, B両案は互いに排反的でしたが，こういう問題に投資収益率法を適用しますと，A案は

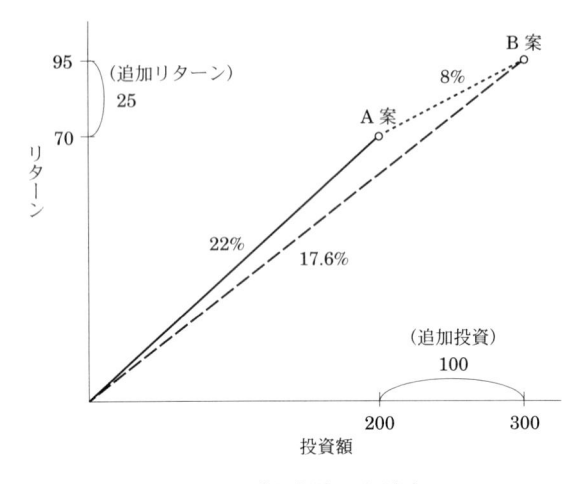

図 7.9 追加投資の収益率

22%，B案は18%弱（厳密に計算すると17.57%）です．しかし，だからA案が有利だと判定するのは不適当です．

もしこのような排反案からの選択に収益率を適用する場合は，各案それぞれの収益率ではなく，図7.9のような追加投資の収益率に注目しなければいけません．

この図によりますと，A案にあと100百万円追加してB案を採用すると追加リターンは25百万円です．そのときの"追加収益率"は

$$100 \times [P \to M](r,5) = 25$$
$$\therefore \quad r = 8\%$$

という計算より，8%です．したがって，資本の利率が8%よりも小さく，たとえば6%ならば「追加投資をしてB案を採用するほうが有利」ですし，資本の利率が8%よりも大きく，たとえば10%

とか 12% という場合は「追加投資をしないで，A 案を採用するほうが有利」だと判断されるのです．

このような評価の仕方を，追加収益率法とか追加利回り法といいます．

混合案からの選択問題

実際の企業では，互いに独立な複数の案件があって，各案件を実行するための排反案がそれぞれ複数あるというように，互いに独立的な関係と互いに排反的な関係とが混じっている場合も少なくありません．このタイプの問題を"混合案からの選択"問題と呼びます．

たとえばチェーン店の出店をするという互いに独立な案件が A（新宿店），B（横浜店），C（浦和店）の 3 つある場合を想定しましょう．このうち案件 A（新宿店への投資）の規模には A_1 案（たとえば初期投資 10 億円），A_2 案（14 億円），A_3 案（20 億円）という互いに排反的な案があり，案件 B および C についても同様であるという事例がそれに相当します．

企業内で生じる資源配分問題の多くは，原理的には混合案からの選択の問題になりますが，方法論的にはかなり専門的になるので，詳細は文献 [1] の第 7 章，文献 [2] の第 6 章，文献 [3] の第 5 章などに譲ることとします．

制約のある資源のマネジメント

可変的な利益（あるいは可変的なキャッシュフロー）に注意を向け，経営資源の制約を考慮することの重要性を強調した「物語ふうの書物」として，近年『ザ・ゴール』という著書がもてはやされているようです．

この本は，いわゆる"制約理論"(Theory of Constraint; TOC)というものを打ち出していますが，その考え方の基本は，私たちが経済性分析とか経済性工学という書物で主張しつづけてきたことと大筋において似かよったものといってよさそうです．

この本でも述べられているように，実践問題への適用に当たって重要なことは，与えられた制約のもとで最適解を求めるだけではなく，その制約条件を，決められたもの，変化しないものとみなすのではなく，それを変化させる場合の感度分析もしっかり行い，必要ならば利益効率が一層大きくなるように制約条件そのものに手を付け，戦略を革新していくなどのフレキシビリティーが大切です．

第8話

すぐに使える身近な応用例

いろいろなキャッシュフロー分析

　第6話と第7話では，投資分析に必要な基礎的な方法論をお話ししましたが，読者の皆さんは，そういう手法を実際に適用する具体例を見たいという要望も強いことでしょう．この第8話では，キャッシュフロー分析の一層身近な応用事例を中心に，いろいろな計算例をお見せすることにしましょう．

　なお，第8話の事例の図には，表計算ソフト"Excel"で計算，作成したものを，かなり忠実にコピーしてあります．"Excel"を利用される読者はプレゼンテーションの参考にしてください．

8.1 特許権を買い取るか，リースにするか

【例 8.1】

　甲州ワイン株式会社では，バイオ化学で定評のある初台工業会社が開発した技術特許を10億円（1,000百万円）で買収することを検討しています．初台工業は，バイオ化学の分野では定評のある会社ですが，最近資金操りが思わしくないため，これを打開する手段として，取引関係のある当社に技術特許の売却を申し入れてきたのです．

　甲州ワインがこの技術特許を買収すれば，ロイヤルティー（特許権使用料）を支払わずに済むので，年々の費用支出を2億円（200百万円）ずつ節減できる見込みです（費用支出は毎年度末に生じる

ものと仮定します）．

最尤予測のもとでの経済性
【例 8.1–a】

この技術特許の法律上の有効期間は 12 年ありますが，経済寿命（経済的な効果が期待できる期間）は 7 年で，初期投資額，および投資した場合の節減費用の最尤予測値（最も確からしいと予測される値）は上述のとおりだとしますと，この投資の効果はどれだけでしょうか？

このように問題が与えられたら，まず最初に，正味資金流列（キャッシュフローの時系列）がどうなるかを確かめて，図 8.1 のように図に描くことをお勧めします．図を描くに当たっては，

(a) その図の中のどの値を求める問題か？

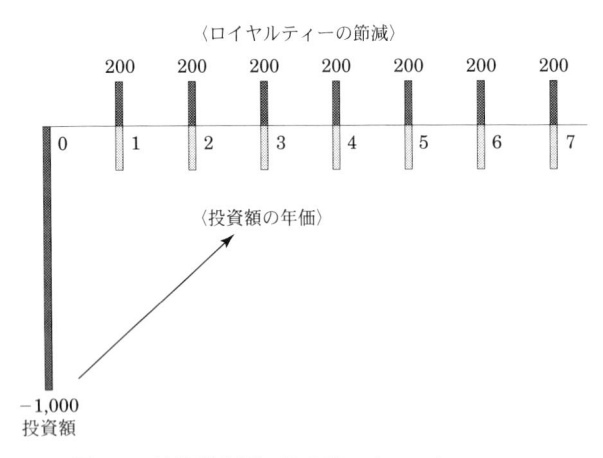

図 8.1 特許権を買い取る案のキャッシュフロー

(b) 資本の利率は何パーセントで，期数は何期か？

(c) 感度分析が必要なファクターはどれか？

などを意識して描くとよいでしょう．そうすれば，あとは計算式を書いて数表を引いたり，パソコンをたたいて計算するだけでよいのです．

図8.1は，典型的なキャッシュフロー・パターンですから，この投資案の収益性を，正味現価，正味年価，あるいは投資収益率を尺度にして評価することができます．

正味現価を P としますと，

$$P = 200 \times [M \to P](6\%, 7) - 1{,}000$$
$$= 200 \times 5.5824 + 1{,}000$$
$$= 116.5 \text{（百万円）} \tag{8.1}$$

であり，正味年価を M としますと，

$$M = 200 - 1{,}000 \times [P \to M](6\%, 7)$$
$$= 200 - 1{,}000 \times 0.1791$$
$$= 20.9 \text{（百万円）} \tag{8.2}$$

です．正味現価の意味は，「この投資から生じる利益は，いま即金で116.5百万円もらうのと同等の有利さだ」という意味ですし，正味年価の意味は，「年々20.9百万円ずつ7回受け取るのと同等の有利さだ」ということです．したがって，一方の尺度で有利ならば他方の尺度でも有利なわけです．

また，投資収益率を r としますと，それは

$$1{,}000 \times [P \to M](r, 7) = 200$$
$$[P \to M](r, 7) = 0.2 \tag{8.3}$$

を満足する r の値ですから，数表（資本回収計数）から $n=7$ のときの値が0.2になる利率を求めますと，

$$r \fallingdotseq 10\%$$

です．このように，r（内部収益率）が資本の利率i（外部利子率）6%よりも大きいのですから，この投資は有利である（正味現価または正味年価がプラスになる）と判定されます．

なお，正味終価を尺度にすることも可能ですが，実務上は，「7年後に何百万円受け取るのと同等の有利さ」だという評価では，利益の規模を実感しにくいので，あまり使われません．

買収が有利であるための許容投資額
【例 8.1–b】

この技術特許を買収する戦略について，株主およびグループ企業の経営陣の期待収益率は（税引前）16%以上ということです．この期待に応えるためには，買収のための投資額がいくら以下である必要があるでしょうか？

すでに前問で投資収益率は10%と求めてありますから，この案のままでは16%という期待収益率を満たせないことがわかります．そこで，16%以上の収益率を達成したい場合の初期投資額Iを計算しますと，

$$I \leqq 200 \times [M \rightarrow P](16\%, 7)$$
$$= 807.7 \text{（百万円）}$$

です．だから投資額を807.7百万円（1,000百万円のおよそ20%引き）に近づけるように交渉をしなければなりません．

有効期間についての感度分析
【例 8.1–c】

今後の競争環境と技術改良を考慮すれば，特許を必要とする製品自体の寿命をもっと延長させる可能性が大きいという意見もありま

す．その場合，特許権を買収して6%以上のリターンを得るためには，製品寿命が何年以上なければならないでしょうか？ 要求収益率が16%のときはどうでしょうか？

資本の利率が6%のときは，次式を満足するnの値を数表から求めればよいのです．つまり，

$$1{,}000 \times [P \to M](6\%, n) \leqq 200 \text{（百万円）} \tag{8.4}$$

より，$n \geqq 6$年となります．

また，資本の利率が16%のときは，(8.4)式の利子率を16%と換えるだけで，$n \geqq 10$年という答えが求まります．16%という高収益を望むならば，特許を利用する技術ノウハウをうまく活用して，製品寿命を10年以上にする努力が必要なわけです．

8.2 金利込み償却額の計算

【例8.2】

蓼科工業株式会社の某事業部では，新設備を100百万円（1億円）で購入しました．この設備の寿命は10年なので，同社の管理会計部門では，10年後には投資額の元利合計に相当する金額を回収できるように，毎年度末に均等償却し，その額を積立基金に入れることにしました．

同社は，このようなやり方を"償却基金法"と呼び，その償却基金額を「金利込みの必要回収額」としています．毎期末の償却額（したがって積立額）はいくら計上すればよいでしょうか？ 当社は1年決算で，資本の利率は8%です（図8.2参照）．

償却額の元利合計（つまり10期後の終価）をSとしますと，

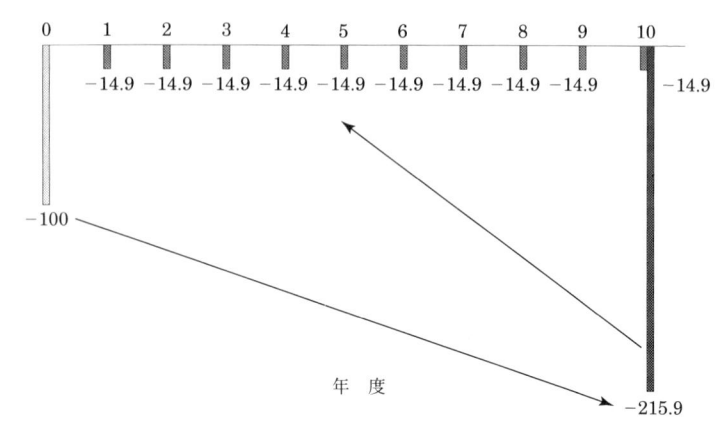

図の数値: 0, 1, 2, 3, 4, 5, 6, 7, 8, 9, 10
各年: −14.9 −14.9 −14.9 −14.9 −14.9 −14.9 −14.9 −14.9 −14.9 −14.9
−100
−215.9
年　度

図 8.2 償却基金法

$$S = 100 \times [P \to S](8\%, 10) = 215.9 \text{（百万円）}$$

となります．金利込みの必要償却額はこの終価 S を年価 M に換算すればよいのですから，下記のようです．

$$M = 100 \times [P \to S](8\%, 10) \times [S \to M](8\%, 10) \text{（百万円）}$$

ところが，この式は，［現価を終価に換算し，その終価を年価に換算する］という意味ですから，$[P \to M](8\%, 10)$ と同じです．つまり，

$$\begin{aligned}
M &= 100 \times [P \to S](8\%, 10) \times [S \to M](8\%, 10) \\
&= 100 \times [P \to M](8\%, 10) \\
&= 14.9 \text{（百万円）}
\end{aligned} \tag{8.5}$$

となります．

このように，金利込みの必要償却額とは，初期投資に資本回収計数を掛けた値，つまり，資本コスト込みでどれだけ回収すべきかという計算をすればよいわけです．

8.3 住宅ローンの借り換えプラン

【例8.3】

二宮さんは，今から10年前に**湘南不動産**が"港の見える丘"というニックネームで売り出したマンションの1区画を38百万円で購入しました．代金のうち20百万円は**湘北信用金庫**から借り入れ，「年利率7%，期間30年」という条件のローンにしました．

ローンの償還は毎月払いですが，支払い額の目安として年末払いに換算しますと，160万円余りでした（あとの補説を参照してください）．その後，バブル経済がはじけ，ローン金利が低落を続けて3%程度になっているので，大学以来の友人である早川氏が課長職をしている**さがみ銀行**にローンの借り換えをすることを相談しました．

早川氏は，それならば，**湘北信用金庫**に，残り20年分の支払い残高を一括返済することにして，その資金を**さがみ銀行**から借り，

補説 月利率と年利率との換算

たとえば月利1%の複利で10万円ずつ償還することは，年度末に一括でいくら払うのと等価であるかといいますと，

$$10万円 \times (1+0.01)^{12} = 10万円 \times (1+0.1268)$$

となります．つまり，月利1%は年利率12.68%と等価です．

このような関係は，投資収益率（利回り）の計算にも応用可能です．月利1%の収益率は，年利12.68%のそれと等価であり，月利3%の収益率は，年利率で，

$$(1+0.03)^{12} - 1 = 42.6\% \tag{8.6}$$

に相当するのです．

改めてその資金額を「年利率3％，期間20年」のローンとして償還することにすればよいでしょうと勧めてくれました．
(a) 二宮さんがさがみ銀行から借り入れる資金の必要額はどれだけでしょうか？
(b) 借り換えをした後のローン返済額は年末払いに換算してどれだけになるでしょうか？

この問題は，一見複雑に見えるかもしれませんが，第6話で解説した"資本回収計数"と，"年金現価計数"を使うだけで，初心者でも簡単に計算できます．

二宮さんが，**湘北信用金庫**と30年分のローン契約を結んだときの毎年の元利償還義務額は

$$20{,}000{,}000 \times [P \to M](7\%, 30) = 1{,}611{,}730 \text{（円）} \qquad (8.7)$$

でした．このローンの10年後の残高（一括返済するための必要資金額）は，そのローンの「年利率7％，期間20年」の現在価値合計ですから，

$$1{,}611{,}730 \times [M \to P](7\%, 20) = 17{,}074{,}691 \text{（円）} \qquad (8.8)$$

です．約160万円余りを10年間償還したのに，元本は3百万円しか減っていない（！）ことに注意しましょう．

この1,700万円余りをさがみ銀行から借り，「年利率3％，期間20年」のローンにしますと，年々のローン償還額は，

$$17{,}074{,}691 \times [P \to M](3\%, 20) = 1{,}147{,}687 \text{（円）} \qquad (8.9)$$

となり，かなり減額されます．長期ローンでは数パーセントの利子率の差がずいぶん効いてくるものです．

(当初借入額)
20,000 千円

(10 年後の残高)
17,075 千円

1 2 3 … 8 9 | 11 … 15 … 20 … 25 … 30

ローン償還額　1,612 千円/年

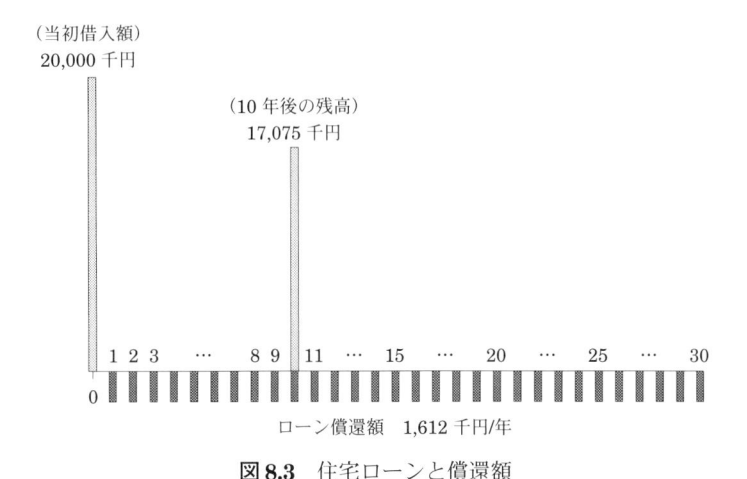

図 8.3　住宅ローンと償還額

8.4 学費援助の投資プラン

【例 8.4】

勝沼さんは，最愛の孫娘が K 大学の付属中学に入ったお祝いとして，信託預金の証書をプレゼントしようと考えています．信託預金の元本としては，孫娘が大学に入学する年から 4 年間にわたり毎年度はじめに 120 万円ずつ受け取ることができるような金額にしたいと考えています．なお，この娘は留年や浪人は決してしないものと仮定しましょう．

利子率が年複利で 6% であるとき，勝沼さんは，現在預け入れる元本をいくらにする必要があるでしょうか？

もし利子率が年複利で 2% しかつかない場合は，現在預け入れる元本をいくらにする必要があるでしょうか？

信託預金を投資と考え，奨学資金の受取りをリターンと考えますと，このプランから生じる正味資金流列は図8.4のようになります．

〈表計算ソフトによる解答例〉

資本の利率 $i=6\%$ の場合
現在価値＝ 3,107.2（千円）

資本の利率 $i=2\%$ の場合
現在価値＝ 4,138.5（千円）

（単位 千円）

学 年	中1	中2	中3	高1	高2	高3	大1	大2	大3	大4
期 数	0	1	2	3	4	5	6	7	8	9
$i=6\%$	−3,107.2	0	0	0	0	0	1,200	1,200	1,200	1,200
$i=2\%$	−4,138.5	0	0	0	0	0	1,200	1,200	1,200	1,200

（投資）

〈利子率6%の場合〉

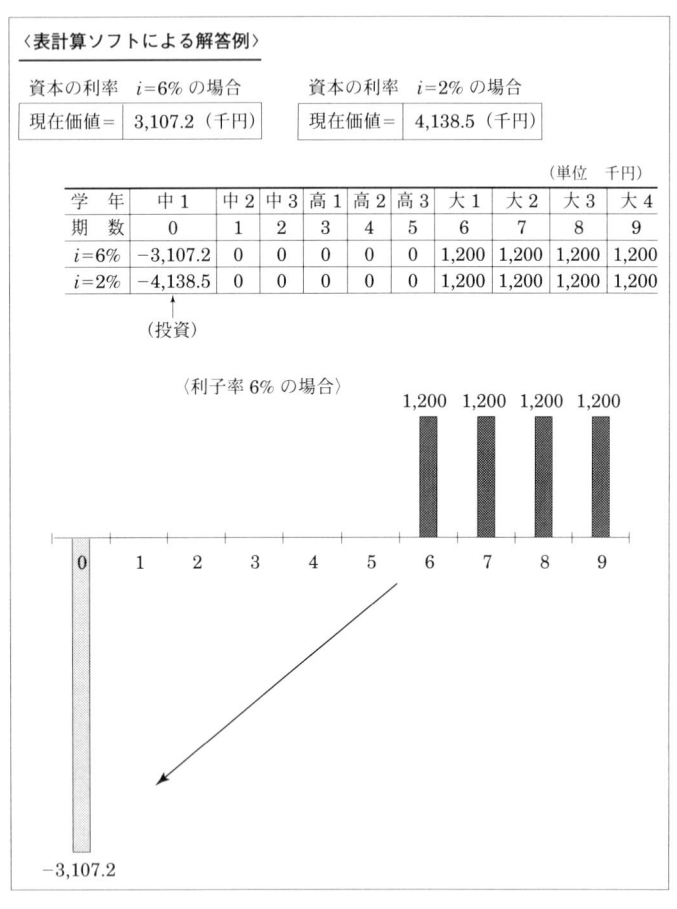

図 8.4 学費援助の投資プラン

したがって，利子率6%のときの必要投資額 P を計算で求めますと，次のようになります．

$$P = 1{,}200 \times [M \to P](6\%, 4) \times [S \to P](6\%, 5)$$
$$= 3{,}107.2 \text{（千円）} \tag{8.10}$$

つまり，6年後から120万円×4=480万円得るための投資額は310万円余りで足ります．

同じ解は次式によって求めることも可能です．

$$P = 1{,}200 \times \{[M \to P](6\%, 9) - [M \to P](6\%, 5)\}$$
$$= 3{,}107.2 \text{（千円）} \tag{8.11}$$

もし利子率が2%に低下しますと，必要投資額は4,139千円ということになります（下の補説を参照）．

補説　表計算ソフト

表計算ソフト Excel を使える読者には，図8.4の囲みのように，表と図を同居させるプレゼンテーションをお勧めします．同図の中の表から，キャッシュフロー図と，正味現価が自動的に求まるようにすることが可能です．

8.5　定年までの積立預金

こんどは，長期間の積立預金の例を考えましょう．

【例8.5】

山梨さんは，ちょうど40歳の誕生日を迎えたところです．この日，家計を預かる奥さんから，「いまちょうど，1千万円（10,000

千円）のお金がたまったわ」と告げられました．

山梨さんは20年後に（60歳で）定年になるので，そのとき1億円（100百万円）の現金資産を持てるように，某信託会社の"悠々口座"に積立預金をしたいと思っています．勤め先との労働協約を参照すると，20年後には退職金が25百万円は出るはずです．

必要な積立額
【例 8.5–a】

信託預金の担当者の説明によると，この"悠々口座"の利子率は年利率7%とのことです．その場合は，毎年度末に均等額を積み立てて目標を達成するために，山梨さんはいくらずつ積立てしていけばよいでしょうか？

もし積立を毎年度はじめにする場合はいくらずつ預金していけばよいでしょうか？

山梨さんは，手持ちの資金10,000千円を利子率7%で20年間預け入れ，そのほかに，毎期末にM千円ずつを積み立てて，20年後の元利合計（つまり終価）を75,000千円にしたいのですから，これを式に表しますと，次のようになります（図8.5参照）．

$$10,000 \times [P \to S](7\%, 20) + M \times [M \to S](7\%, 20)$$
$$= 75,000 \text{（千円）} \tag{8.12}$$

この式から毎期末の積立額，つまり年価Mを求めますと，次のようになります．

$$M = 75,000 \div [M \to S](7\%, 20) - 10,000 \times [P \to M](7\%, 20)$$
$$= 75,000 \div 40.995 - 10,000 \times 0.09439$$
$$= 1,829.5 - 943.9$$
$$= 885.6 \text{（千円）} \tag{8.13}$$

8.5 定年までの積立預金

```
    0   1   2   3   4   5  ···  19  20
    |   |   |   |   |   |       |   |
        -885.6 -885.6 -885.6 -885.6 -885.6   -885.6 -885.6

-10,000                  年  度
```

100,000

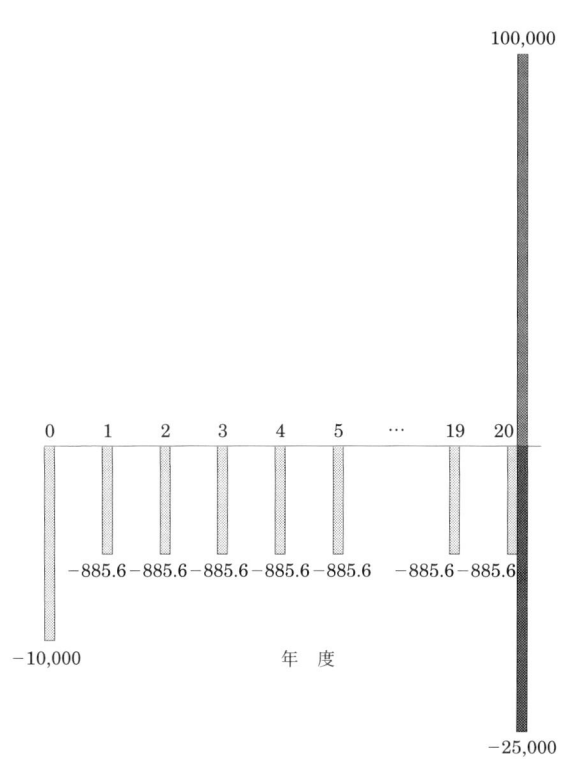

-25,000

図 8.5 定年までの積立てプラン

もし年々の積立額を，毎期首払いにする場合は，
　　期首払い額 = 期末払い額 ÷(1+0.07)
という関係になっていますから，
　　期首払い積立額 = 885.6÷(1+0.07)=827.7（千円）
となります．

金利が激減すると
【例 8.5–b】

投資信託預金の金利（リターン）は，長期的に見ますと，たとえばバブル経済崩壊後の日本で見られたように，経済不況などによって低下するリスクも覚悟する必要があります．

山梨さんが平均利子率 7% のつもりで前例のような預金計画を立てていたところ，平均利子率が急低下して，年率 2% になったという場合を想定してみましょう．

その場合に，山梨さんが 20 年後の元利合計を【例 8.5–a】と同額にするためには，毎年度の積立をいくらにすべきでしょうか？

もしも，積立預金の利子率が 2% になった場合は，(8.12) 式の中の，$i=7\%$ を $i=2\%$ と直すだけでよいのですから，
（イ）　期末積立の場合は，2,478.4 千円
（ロ）　期首積立の場合は，2,429.8 千円
となります．つまり，年利率 7% ならば，積立額が毎期末 88 万円余りでよかったのに，年利率が 2% になると，必要積立額が 2.8 倍になるのです．

8.6　為替リスクがある外貨預金プラン

ヨーロッパ旅行の費用積立
【例 8.6】

熟年世代にさしかかった韮崎夫妻は，5 年後に"銀婚記念大旅行"と称して，ヨーロッパ周遊旅行に出かけることを計画しています．5 年後の旅費（これには，航空運賃，ホテル代その他の観光費用一式を含みます）は 5 百万円必要です．

8.6　為替リスクがある外貨預金プラン

　周遊旅行代は，生活費とは別個に貯めたいと思っていますが，現在はそのための手持ち資金が2百万円だけ貯まっています．このお金を外資系の某金融会社に預け，そのあとは1年末，2年末，3年末，4年末にそれぞれ一定額ずつ積み立てて，5年後の元利合計が日本円にしてちょうど5百万円になるようにしたいと考えています．

(a)　この預金利子率が年利率で6%だとすると，毎回の積立額をいくらにすればよいでしょうか？

(b)　もし為替変動の影響で実効利子率が年率1%にしかならないときは，毎回の積立額をいくらにする必要があるでしょうか？

　必要な積立額は，図8.6のキャッシュフローの中の M の値ですから，利子率6%のときは，下記の計算または表計算で求めることができます．

　　　積立額の元利合計
　　　$=2{,}000\times[P\to S](6\%,5)+M\times[M\to S](6\%,4)\times(1+0.06)$
　　　$=5{,}000$（千円）

より，

$$M=5{,}000\div(1+0.06)\times[S\to M](6\%,4)$$
$$\quad -2{,}000\times[P\to M](6\%,4)$$
$$\quad =501.08（千円） \tag{8.14}$$

です．

為替レートが変動する場合

　たとえば，100万円を利子率6%の外貨建て預金にしますと，為替変動がなければ1年後の元利合計は

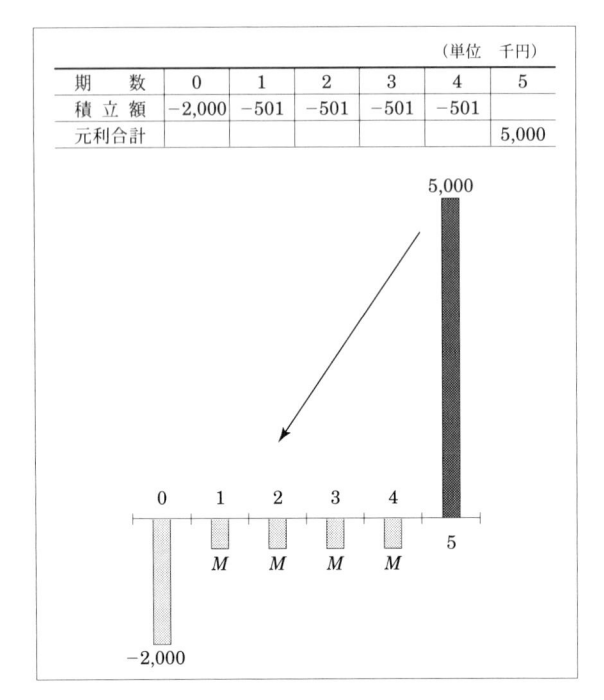

						(単位　千円)
期　　数	0	1	2	3	4	5
積 立 額	−2,000	−501	−501	−501	−501	
元利合計						5,000

図 8.6　旅行のための外貨建て預金

$$100 \times (1+0.06) = 106 \text{（万円）}$$

になりますが，この間に，円に対する外貨の価値が 4.7% 下落しますと，

$$100 \times (1+0.06) \times (1-0.047) \fallingdotseq 100 \times (1+0.0102) \text{（万円）}$$

となります．このような場合に「為替レート込みの実効利子率は約 1%」だという言い方をします．

もし逆に，外貨の価値が 4.7% 上昇すれば，

$$100 \times (1+0.06) \times (1+0.047) \fallingdotseq 100 \times (1+0.1098) \text{（万円）}$$

となるので，「為替レート込みの実効利子率は約11%」ということになります．

韮崎さんの外貨預金が，このような理屈で実効利子率1%にしかならないという場合を想定しますと，上記のプランどおりに積立をしたときの5年後の元利合計Sは，

$$S = 2{,}000 \times [P \to S](1\%, 5)$$
$$\quad + 501.08 \times [M \to S](1\%, 4) \times (1 + 0.01)$$
$$= 2{,}000 \times 1.05101 + 501.08 \times 4.06040 \times 1.01$$
$$= 2{,}102.02 + 2{,}054.93 = 4{,}156.95 \tag{8.15}$$

となって，希望する金額よりも百万円ほど不足してしまいます．

利子率1%のときに，そうならないようにするためには，積立預金Mを下記のように計算して70万円あまりにする必要があるわけです．

$$M = 5{,}000 \div (1 + 0.01) \times [S \to M](1\%, 4)$$
$$\quad - 2{,}000 \times [P \to M](1\%, 4)$$
$$= 706.6 \text{（千円）}$$

8.7　個人年金での生活プラン

【例 8.7】

還暦を迎えた大磯さんは，横浜みなとみらいの高級マンションを手に入れ，家具調度一式を買い求めた後，手持ちの余裕資金が80百万円（8千万円）あります．これは，当面1年間の生活必要資金を差し引いた残額です．大磯さんは，個人経営の貿易商人として海外を飛び回る生活をしてきたので，公的年金に加入していません．

同氏は，還暦後には日本に定住し，長年苦楽を共にしてきた夫人と一緒に悠悠自適の生活に入りたいと思っています．そこで上記の

資金80百万円を外資系の年金信託に預け，毎年末に生活費として8百万円ずつ引き出すことにすれば，夫婦二人で何とか人並みの生活を保っていけると考えています．

何年いまの生活ができるか
【例8.7–a】

この外資系年金預金の利子率が年率8%だとしますと，8百万円ずつの年金引出しを何年間つづけることができるでしょうか？

もし利子率が年率2%という場合は，何年間8百万円ずつ預金の引出しをつづけることができるでしょうか？

利子率が8%のとき，求める年数nは，
$$80\times[P\to M](8\%,n)=8\ (百万円) \tag{8.16}$$
より，$n\fallingdotseq21$（年）ですから，80歳までは大丈夫のようです．

ところが，もし利子率が2%しかつきませんと，約11.3年しか暮らせません．

以上の計算プロセスをエクセルで行ったものを参考に表示しますと，図8.7のようになります．

低い金利のもとで20年生きるためには
【例8.7–b】

もしお目当ての外資系年金資金の利子率が2%に引き下げられた場合に，あと20年間暮らし続けるためには，大磯さんは年々の年金引出額（したがって生活レベル）をいくら以下にする必要があるでしょうか？

求める引き出し額をMとしますと，

8.7 個人年金での生活プラン

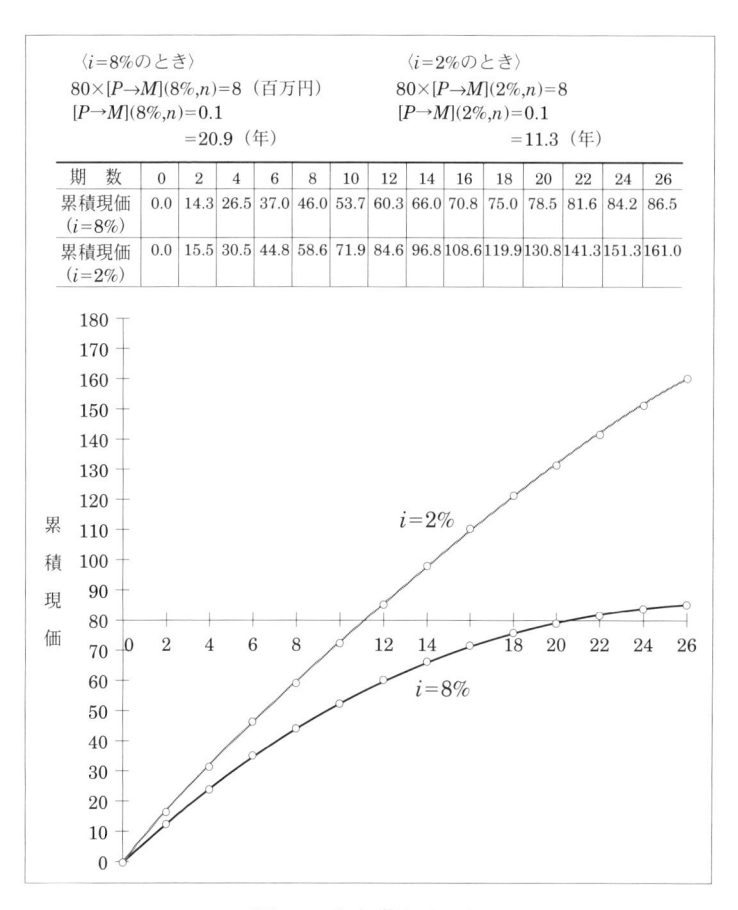

⟨$i=8\%$のとき⟩
$80\times[P\to M](8\%,n)=8$（百万円）
$[P\to M](8\%,n)=0.1$
　　　　　　　　$=20.9$（年）

⟨$i=2\%$のとき⟩
$80\times[P\to M](2\%,n)=8$
$[P\to M](2\%,n)=0.1$
　　　　　　　　$=11.3$（年）

期　数	0	2	4	6	8	10	12	14	16	18	20	22	24	26
累積現価 ($i=8\%$)	0.0	14.3	26.5	37.0	46.0	53.7	60.3	66.0	70.8	75.0	78.5	81.6	84.2	86.5
累積現価 ($i=2\%$)	0.0	15.5	30.5	44.8	58.6	71.9	84.6	96.8	108.6	119.9	130.8	141.3	151.3	161.0

累積現価

図 8.7 何年暮らせるか

$$M=80\times[P\to M](2\%,20)=4.89 \text{（百万円）} \tag{8.17}$$

となります．つまり生活レベルを当初予定の4割がた引き下げなければならないのです．

8.8 プロ球団のスカウト計画

【例8.8】

プロ野球の東名セネタースでは，監督と経営陣が相談して，ノンプロ界の有力プレーヤーである林田選手をスカウトすることを企てています．

林田選手の獲得に成功した場合のチームの増収は，控えめに見積もっても，最初の期が8億円（800百万円）は固いと予想されています（同チームの利益計画は，半年を1期としています）．

ただし，第2期目以降の増収効果はかなり不確実であり，年々逓減していくものと見込まれています．資本の利率が半年複利で5%のとき，スカウトのための許容投資は，いくらでしょうか？

固定費型ビジネスでの人気商品

プロ野球をはじめ，サッカー，フットボール，ラグビーなど，大観衆を収容するグランドで展開されるプロスポーツは，実力と人気を伴ったスター選手の有無によって収益力が大きく左右されます．なぜならば，プロスポーツを経営的に見ますと，それは巨大な「固定費型のビジネス」だからです．

スター選手の獲得に成功しますと，1日の入場者が1万人，2万人，……という規模で増えますが，顧客数に比例する変動費は微々たるものですから，売上増の9割以上が限界利益になり，その日数倍だけ稼得資金が増えるのです．

ただし，その人気が泡沫的なものではなく，実力の伴ったものであり，チーム全体のモチベーションにも好影響をもたらすとか，腕力が衰えたあとも後進の指導に才能を発揮する，……などの条件が伴わないと，観客動員力への効果は急速に低減するのが普通です．

8.8 プロ球団のスカウト計画

こういった問題は,人気商品の導入計画などにもつきまとうので,慎重な経済性分析が必要なのです.そういったタイプの計画では,年々の稼得資金が等差的または等比的に逓減するという形で予測を立て,その逓減の度合いについて最も確からしい予測値(最尤値)のほか,辛い予測と甘い予測を取り混ぜて計算および感度分析をする方法が有用です.

稼得資金が等差的に減少する場合

いまかりに,上記のプロ球団の例で,稼得資金の最尤予測は,第1期800百万円のあと,1期(半年)ごとに100百万円ずつ減っていって,第9期以降は効果がなくなるものと見込まれたとしましょう.その場合は,図8.8 (a) のパターンになります.したがって,図中の表計算のような方式で現在価値 P を求めますと,3,074百万円余りです.

また林田選手の稼得資金力を十分辛く見積ったところ,毎期の逓減額は200百万円で,5期以降はゼロと予測されるという場合は,図8.8 (a) の逓減額を200と訂正するだけで,現価1,816百万円という数値が簡単に求まるのです.

監督や球団経営者が,リスクを重視してこの「辛い予測」に近い値をとるか,それとも「最尤予測」で十分として強気の値を目安にしながら交渉するかは,球団の経営戦略の問題というべきでしょう.

逓減の仕方が定率的な場合

前例のプロ球団の問題で,スカウトに成功した場合の増収予測の仕方には別の方法もあります.それは,第1期800百万円の後,第2期は $800×(1−0.3)=560$ 百万円,第3期は $560×(1−0.3)=392$

(単位 百万円)

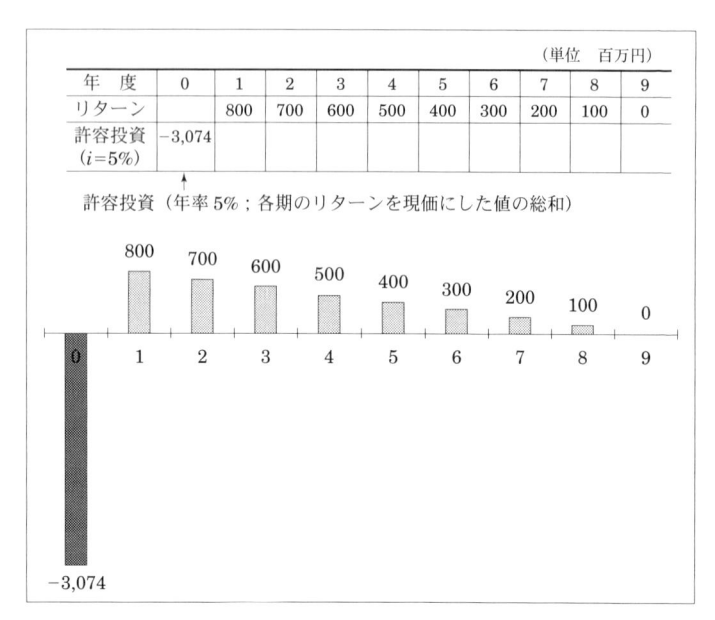

年　度	0	1	2	3	4	5	6	7	8	9
リターン		800	700	600	500	400	300	200	100	0
許容投資 ($i=5\%$)	−3,074									

許容投資（年率5％；各期のリターンを現価にした値の総和）

図 8.8 (a)　稼得資金が等差的に減少する例

百万円，……というように，等比的に減少するという見積り方法を採るやり方です．

この見積りが最尤予測だとしますと，このスカウトによる増収額の現価は，図 8.8 (b) のように 2,246 百万円と計算されます．

このようにモデル化しておけば，逓減率が3割でなく2割とか4割というように変わった場合も，容易に現在価値を求めることが可能です．

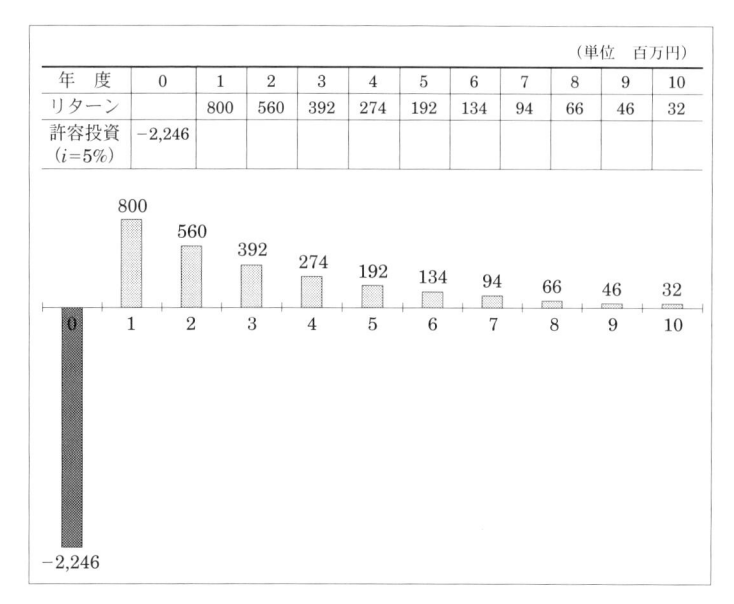

										(単位 百万円)	
年　度	0	1	2	3	4	5	6	7	8	9	10
リターン		800	560	392	274	192	134	94	66	46	32
許容投資 ($i=5\%$)	$-2,246$										

図 8.8 (b)　稼得資金が等比的に減少する例

8.9　長期受注計画の経済性評価

ここで，第3話で取り上げたバイオ・エレガンス事業部のうち，【例3.11】(p.86) の長期受注計画の問題の解答をしておきましょう．

同事業部では，設備投資をしてキャパシティーを拡大し，OEM価格で受注すれば，その投資の効果は，表3.4 (p.87) のように3年間 (36か月) 続くことが予測されました．これは長期計画なので，その効果を図3.12 (p.88) のような正味資金流列 (正味キャッシュフローの時系列) にまとめることができました．

この投資計画では，稼得資金が月次で予測され，資金の利率は月利率1%ですから，その利益を正味現価Pで表しますと，

$$P=120\times[M\to P](1\%,36)-2{,}300\text{（百万円）}$$
$$=3{,}613-2{,}300=1{,}313\text{（百万円）} \tag{8.18}$$

となります．

また，月平均の正味利益をMとしますと，

$$M=120-2{,}300\times[P\to M](1\%,36)\text{（百万円）}$$
$$=120-76.383=43.62\text{（百万円）} \tag{8.19}$$

となります．

計画担当者は，OEM受注のための設備投資の効率（収益率）も知りたいと思うでしょう．その場合は，月利率をrとしますと，

$$2{,}300\times[P\to M](r,36)=120$$
$$\therefore\ r=3.9\%$$

となります．これを年利率に換算しますと，

$$\text{年利率}=(1+0.039)^{12}-1=58.3\%$$

となります．これはかなり大きな収益率ですが，OEM受注の継続期間についてはリスクがあるため，念のため回収期間を求めてみますと，

$$120-2{,}300\times[P\to M](1\%,n)\geqq 0$$
$$[P\to M](1\%,n)\geqq 0.05217$$
$$\therefore\ n\geqq 20\text{（月）} \tag{8.20}$$

となります．したがって，このOEM受注が20か月以上確保されれば採算がとれるといえるのです．

8.10 配送システムの経済性

【例8.9】

浜田工業株式会社では，配送システムの改善のために，同じ機能を果たす2種の設備投資案A，Bのどちらか一方を選ぶための検討をしています．初期投資額は，設備Aが500百万円なのに対して，設備Bは800百万円です．

この設備を稼働するための年々の操業費用（設備を稼働するための人件費，維持費，その他）は，設備Aでは97百万円，設備Bでは28百万円です（これらは年度末払いと仮定して見積もられています）．設備の使用期間は8年の予定です．

当社の資本の利率は，株主の要求する利回りを高めに設定しているので，標準的には12%としています．

(a) 操業費用は毎期一定しているものとしますと，設備Aおよび設備Bのどちらがどの程度有利でしょうか？　正味現価，正味年価，および投資収益率を尺度にして判定しましょう．

(b) 設備Aよりも設備Bのほうが有利になるのは，使用年数が何年以上（または以下）の場合でしょうか？

(c) 設備Aよりも設備Bのほうが有利になるのは，資本の利率が何パーセント以上（または以下）の場合でしょうか？

この例の設問(a)には，A案，B案それぞれの正味現価，正味年価を求めて答えることもできますが，すぐあとの(b)および(c)の設問への解答をしやすくするために，図8.9のように差額の正味資金流列をとらえておくのが便利です．

差額投資案の正味現価 $P_{(B-A)}$ および正味年価 $M_{(B-A)}$ は下記のように求められます．

$$P_{(B-A)} = 69 \times [M \to P](12\%, 8) - 300$$
$$= 96.5 \text{（百万円）} \tag{8.21}$$
$$M_{(B-A)} = 69 - 300 \times [P \to M](12\%, 8)$$
$$= 9.4 \text{（百万円）} \tag{8.22}$$

これらの値がプラスだということは，A案よりもB案のほうが「現価にして96.5百万円，年価にして9.4百万円だけ有利」という判定になります．

また，この差額投資の収益率を求めますと，次の計算
$$300 \times [P \to M](r, 8) = 69$$
$$\therefore \quad r = 16\% \tag{8.23}$$
より，追加投資の収益率が16%で，資本の利率12%よりも大きいですから，B案のほうが有利という判定になります．

次に，設問(b)の場合は，追加投資案に注意を向けますと，
$$300 \times [P \to M](12\%, n) \leqq 69$$
$$\therefore \quad [P \to M](12\%, n) \leqq 0.23 \tag{8.24}$$
より，$n \geqq 7$ 年であることがわかります．

設問(c)については，すでに差額の投資収益率=16%という計算がなされていますから，以下のように判断することができます．

（イ）　資本の利率$i=16\%$のとき，両案の有利さは同等になります（追加の投資の利益はゼロである）．そして，

（ロ）　$i<16\%$ならば，B案のほうが有利であり，

（ハ）　$i>16\%$ならば，A案のほうが有利になります．

8.10 配送システムの経済性

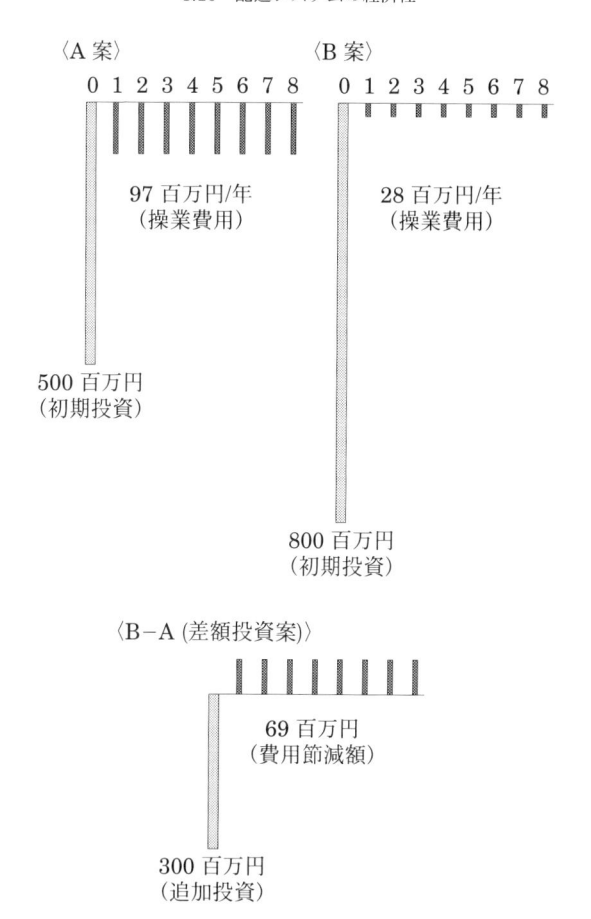

〈A案〉

97 百万円/年
（操業費用）

500 百万円
（初期投資）

〈B案〉

28 百万円/年
（操業費用）

800 百万円
（初期投資）

〈B−A (差額投資案)〉

69 百万円
（費用節減額）

300 百万円
（追加投資）

図 8.9 差額の正味資金流列

付録　複利係数表

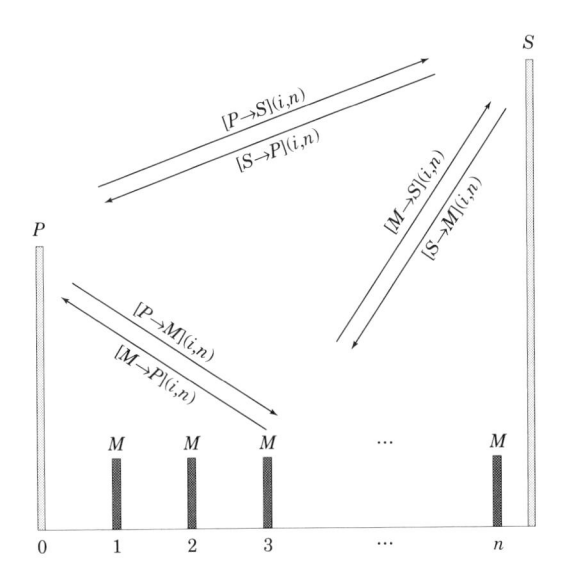

1. 現価係数　　　$[S \to P](i,n)$ ……………………… 212
2. 終価係数　　　$[P \to S](i,n)$ ……………………… 213
3. 年金現価係数　$[M \to P](i,n)$ ……………………… 213
4. 資本回収係数　$[P \to M](i,n)$ ……………………… 214
5. 減債基金係数　$[S \to M](i,n)$ ……………………… 215
6. 年金終価係数　$[M \to S](i,n)$ ……………………… 215

現価係数　$[S \to P](i,n)$; $\dfrac{1}{(1+i)^n}$

利率 i 期数 n	1%	3%	5%	6%	7%	8%	10%	12%
1	0.9901	0.9709	0.9524	0.9434	0.9346	0.9259	0.9091	0.8929
2	0.9803	0.9426	0.9070	0.8900	0.8734	0.8573	0.8264	0.7972
3	0.9706	0.9151	0.8638	0.8396	0.8163	0.7938	0.7513	0.7118
4	0.9610	0.8885	0.8227	0.7921	0.7629	0.7350	0.6830	0.6355
5	0.9515	0.8626	0.7835	0.7473	0.7130	0.6806	0.6209	0.5674
6	0.9420	0.8375	0.7462	0.7050	0.6663	0.6302	0.5645	0.5066
7	0.9327	0.8131	0.7107	0.6651	0.6227	0.5835	0.5132	0.4523
8	0.9235	0.7894	0.6768	0.6274	0.5820	0.5403	0.4665	0.4039
9	0.9143	0.7664	0.6446	0.5919	0.5439	0.5002	0.4241	0.3606
10	0.9053	0.7441	0.6139	0.5584	0.5083	0.4632	0.3855	0.3220
12	0.8874	0.7014	0.5568	0.4970	0.4440	0.3971	0.3186	0.2567
14	0.8700	0.6611	0.5051	0.4423	0.3878	0.3405	0.2633	0.2046
16	0.8528	0.6232	0.4581	0.3936	0.3387	0.2919	0.2176	0.1631
18	0.8360	0.5874	0.4155	0.3503	0.2959	0.2502	0.1799	0.1300
20	0.8195	0.5537	0.3769	0.3118	0.2584	0.2145	0.1486	0.1037
24	0.7876	0.4919	0.3101	0.2470	0.1971	0.1577	0.1015	0.0659
30	0.7419	0.4120	0.2314	0.1741	0.1314	0.0994	0.0573	0.0334
36	0.6989	0.3450	0.1727	0.1227	0.0875	0.0626	0.0323	0.0169
48	0.6203	0.2420	0.0961	0.0610	0.0389	0.0249	0.0103	0.0043
60	0.5504	0.1697	0.0535	0.0303	0.0173	0.0099	0.0033	0.0011

利率 i 期数 n	14%	16%	18%	20%	24%	30%	40%	50%
1	0.8772	0.8621	0.8475	0.8333	0.8065	0.7692	0.7143	0.6667
2	0.7695	0.7432	0.7182	0.6944	0.6504	0.5917	0.5102	0.4444
3	0.6750	0.6407	0.6086	0.5787	0.5245	0.4552	0.3644	0.2963
4	0.5921	0.5523	0.5158	0.4823	0.4230	0.3501	0.2603	0.1975
5	0.5194	0.4761	0.4371	0.4019	0.3411	0.2693	0.1859	0.1317
6	0.4556	0.4104	0.3704	0.3349	0.2751	0.2072	0.1328	0.0878
7	0.3996	0.3538	0.3139	0.2791	0.2218	0.1594	0.0949	0.0585
8	0.3506	0.3050	0.2660	0.2326	0.1789	0.1226	0.0678	0.0390
9	0.3075	0.2630	0.2255	0.1938	0.1443	0.0943	0.0484	0.0260
10	0.2697	0.2267	0.1911	0.1615	0.1164	0.0725	0.0346	0.0173
12	0.2076	0.1685	0.1372	0.1122	0.0757	0.0429	0.0176	0.0077
14	0.1597	0.1252	0.0985	0.0779	0.0492	0.0254	0.0090	0.0034
16	0.1229	0.0930	0.0708	0.0541	0.0320	0.0150	0.0046	0.0015
18	0.0946	0.0691	0.0508	0.0376	0.0208	0.0089	0.0023	0.0007
20	0.0728	0.0514	0.0365	0.0261	0.0135	0.0053	0.0012	0.0003
24	0.0431	0.0284	0.0188	0.0126	0.0057	0.0018	0.0003	0.0001
30	0.0196	0.0116	0.0070	0.0042	0.0016	0.0004	0.0000	0.0000
36	0.0089	0.0048	0.0026	0.0014	0.0004	0.0001		
48	0.0019	0.0008	0.0004	0.0002	0.0000	0.0000		
60	0.0004	0.0001	0.0000	0.0000				

終価係数　$[P{\to}S](i,n)$; $(1+i)^n$

利率 i \ 期数 n	2%	4%	6%	8%	10%	12%	15%	20%	30%
1	1.0200	1.0400	1.0600	1.0800	1.1000	1.1200	1.1500	1.2000	1.3000
2	1.0404	1.0816	1.1236	1.1664	1.2100	1.2544	1.3225	1.4400	1.6900
3	1.0612	1.1249	1.1910	1.2597	1.3310	1.4049	1.5209	1.7280	2.1970
4	1.0824	1.1699	1.2625	1.3605	1.4641	1.5735	1.7490	2.0736	2.8561
5	1.1041	1.2167	1.3382	1.4693	1.6105	1.7623	2.0114	2.4883	3.7129
6	1.1262	1.2653	1.4185	1.5869	1.7716	1.9738	2.3131	2.9860	4.8268
7	1.1487	1.3159	1.5036	1.7138	1.9487	2.2107	2.6600	3.5832	6.2749
8	1.1717	1.3686	1.5938	1.8509	2.1436	2.4760	3.0590	4.2998	8.1573
9	1.1951	1.4233	1.6895	1.9990	2.3579	2.7731	3.5179	5.1598	10.6045
10	1.2190	1.4802	1.7908	2.1589	2.5937	3.1058	4.0456	6.1917	13.7858
12	1.2682	1.6010	2.0122	2.5182	3.1384	3.8960	5.3503	8.9161	23.2981
14	1.3195	1.7317	2.2609	2.9372	3.7975	4.8871	7.0757	12.8392	39.3738
16	1.3728	1.8730	2.5404	3.4259	4.5950	6.1304	9.3576	18.4884	66.5417
18	1.4282	2.0258	2.8543	3.9960	5.5599	7.6900	12.3755	26.6233	
20	1.4859	2.1911	3.2071	4.6610	6.7275	9.6463	16.3665	38.3376	
25	1.6406	2.6658	4.2919	6.8485	10.8347	17.0001	32.9190	95.3962	
30	1.8114	3.2434	5.7435	10.0627	17.4494	29.9599	66.2118		
40	2.2080	4.8010	10.2857	21.7245	45.2593	93.0510			

年金現価係数　$[M{\to}P](i,n)$; $\dfrac{(1+i)^n - 1}{i(1+i)^n}$

利率 i \ 期数 n	2%	4%	6%	8%	10%	12%	15%	20%	30%
1	0.9804	0.9615	0.9434	0.9259	0.9091	0.8929	0.8696	0.8333	0.7692
2	1.9416	1.8861	1.8334	1.7833	1.7355	1.6901	1.6257	1.5278	1.3609
3	2.8839	2.7751	2.6730	2.5771	2.4869	2.4018	2.2832	2.1065	1.8161
4	3.8077	3.6299	3.4651	3.3121	3.1699	3.0373	2.8550	2.5887	2.1662
5	4.7135	4.4518	4.2124	3.9927	3.7908	3.6048	3.3522	2.9906	2.4356
6	5.6014	5.2421	4.9173	4.6229	4.3553	4.1114	3.7845	3.3255	2.6427
7	6.4720	6.0021	5.5824	5.2064	4.8684	4.5638	4.1604	3.6046	2.8021
8	7.3255	6.7327	6.2098	5.7466	5.3349	4.9676	4.4873	3.8372	2.9247
9	8.1622	7.4353	6.8017	6.2469	5.7590	5.3282	4.7716	4.0310	3.0190
10	8.9826	8.1109	7.3601	6.7101	6.1446	5.6502	5.0188	4.1925	3.0915
12	10.5753	9.3851	8.3838	7.5361	6.8137	6.1944	5.4206	4.4392	3.1903
14	12.1062	10.5631	9.2950	8.2442	7.3667	6.6282	5.7245	4.6106	3.2487
16	13.5777	11.6523	10.1059	8.8514	7.8237	6.9740	5.9542	4.7296	3.2832
18	14.9920	12.6593	10.8276	9.3719	8.2014	7.2497	6.1280	4.8122	3.3037
20	16.3514	13.5903	11.4699	9.8181	8.5136	7.4694	6.2593	4.8696	3.3158
25	19.5235	15.6221	12.7834	10.6748	9.0770	7.8431	6.4641	4.9476	3.3286
30	22.3965	17.2920	13.7648	11.2578	9.4269	8.0552	6.566	4.9789	3.3321
40	27.3555	19.7928	15.0463	11.9246	9.7791	8.2438	6.6418	4.9966	3.3332

資本回収係数　$[P{\to}M](i,n)$; $\dfrac{i(1+i)^n}{(1+i)^n-1}$

利率 i / 期数 n	1%	3%	5%	6%	7%	8%	10%	12%
1	1.0100	1.0300	1.0500	1.0600	1.0700	1.0800	1.1000	1.1200
2	0.5075	0.5226	0.5378	0.5454	0.5531	0.5608	0.5762	0.5917
3	0.3400	0.3535	0.3672	0.3741	0.3811	0.3880	0.4021	0.4163
4	0.2563	0.2690	0.2820	0.2886	0.2952	0.3019	0.3155	0.3292
5	0.2060	0.2184	0.2310	0.2374	0.2439	0.2505	0.2638	0.2774
6	0.1725	0.1846	0.1970	0.2034	0.2098	0.2163	0.2296	0.2432
7	0.1486	0.1605	0.1728	0.1791	0.1856	0.1921	0.2054	0.2191
8	0.1307	0.1425	0.1547	0.1610	0.1675	0.1740	0.1874	0.2013
9	0.1167	0.1284	0.1407	0.1470	0.1535	0.1601	0.1736	0.1877
10	0.1056	0.1172	0.1295	0.1359	0.1424	0.1490	0.1627	0.1770
12	0.0888	0.1005	0.1128	0.1193	0.1259	0.1327	0.1468	0.1614
14	0.0769	0.0885	0.1010	0.1076	0.1143	0.1213	0.1357	0.1509
16	0.0679	0.0796	0.0923	0.0990	0.1059	0.1130	0.1278	0.1434
18	0.0610	0.0727	0.0855	0.0924	0.0994	0.1067	0.1219	0.1379
20	0.0554	0.0672	0.0802	0.0872	0.0944	0.1019	0.1175	0.1339
24	0.0471	0.0590	0.0725	0.0797	0.0872	0.0950	0.1113	0.1285
30	0.0387	0.0510	0.0651	0.0726	0.0806	0.0888	0.1061	0.1241
36	0.0332	0.0458	0.0604	0.0684	0.0767	0.0853	0.1033	0.1221
48	0.0263	0.0396	0.0553	0.0639	0.0728	0.0820	0.1010	0.1205
60	0.0222	0.0361	0.0528	0.0619	0.0712	0.0808	0.1003	0.1201

利率 i / 期数 n	14%	16%	18%	20%	24%	30%	40%	50%
1	1.1400	1.1600	1.1800	1.2000	1.2400	1.3000	1.4000	1.5000
2	0.6073	0.6230	0.6387	0.6545	0.6864	0.7348	0.8167	0.9000
3	0.4307	0.4453	0.4599	0.4747	0.5047	0.5506	0.6294	0.7105
4	0.3432	0.3574	0.3717	0.3863	0.4159	0.4616	0.5408	0.6231
5	0.2913	0.3054	0.3198	0.3344	0.3642	0.4106	0.4914	0.5758
6	0.2572	0.2714	0.2859	0.3007	0.3311	0.3784	0.4613	0.5481
7	0.2332	0.2476	0.2624	0.2774	0.3084	0.3569	0.4419	0.5311
8	0.2156	0.2302	0.2452	0.2606	0.2923	0.3419	0.4291	0.5203
9	0.2022	0.2171	0.2324	0.2481	0.2805	0.3312	0.4203	0.5134
10	0.1917	0.2069	0.2225	0.2385	0.2716	0.323	0.4143	0.5088
12	0.1767	0.1924	0.2086	0.2253	0.2596	0.3135	0.4072	0.5039
14	0.1666	0.1829	0.1997	0.2169	0.2524	0.3078	0.4036	0.5017
16	0.1596	0.1764	0.1937	0.2114	0.2479	0.3046	0.4018	0.5008
18	0.1546	0.1719	0.1896	0.2078	0.2451	0.3027	0.4009	0.5003
20	0.1510	0.1687	0.1868	0.2054	0.2433	0.3016	0.4005	0.5002
24	0.1463	0.1647	0.1835	0.2025	0.2414	0.3006	0.4001	0.5000
30	0.1428	0.1619	0.1813	0.2008	0.2404	0.3001	0.4000	
36	0.1413	0.1608	0.1805	0.2003	0.2401	0.3000		
48	0.1403	0.1601	0.1801	0.2000	0.2400			
60	0.1401	0.1600	0.1800					

215

減債基金係数　$[S{\to}M](i,n)\,;\,\dfrac{i}{(1+i)^n-1}$

利率 i / 期数 n	2%	4%	6%	8%	10%	12%	14%	20%	30%
1	1.0000	1.0000	1.0000	1.0000	1.0000	1.0000	1.0000	1.0000	1.0000
2	0.4950	0.4902	0.4854	0.4808	0.4762	0.4717	0.4673	0.4545	0.4348
3	0.3268	0.3203	0.3141	0.3080	0.3021	0.2963	0.2907	0.2747	0.2506
4	0.2426	0.2355	0.2286	0.2219	0.2155	0.2092	0.2032	0.1863	0.1616
5	0.1922	0.1846	0.1774	0.1705	0.1638	0.1574	0.1513	0.1344	0.1106
6	0.1585	0.1508	0.1434	0.1363	0.1296	0.1232	0.1172	0.1007	0.0784
7	0.1345	0.1266	0.1191	0.1121	0.1054	0.0991	0.0932	0.0774	0.0569
8	0.1165	0.1085	0.1010	0.0940	0.0874	0.0813	0.0756	0.0606	0.0419
9	0.1025	0.0945	0.0870	0.0801	0.0736	0.0677	0.0622	0.0481	0.0312
10	0.0913	0.0833	0.0759	0.0690	0.0627	0.0570	0.0517	0.0385	0.0235
12	0.0746	0.0666	0.0593	0.0527	0.0468	0.0414	0.0367	0.0253	0.0135
14	0.0626	0.0547	0.0476	0.0413	0.0357	0.0309	0.0266	0.0169	0.0078
16	0.0537	0.0458	0.0390	0.0330	0.0278	0.0234	0.0196	0.0114	0.0046
18	0.0467	0.0390	0.0324	0.0267	0.0219	0.0179	0.0146	0.0078	0.0027
20	0.0412	0.0336	0.0272	0.0219	0.0175	0.0139	0.0110	0.0054	0.0016
24	0.0329	0.0256	0.0197	0.0150	0.0113	0.0085	0.0063	0.0025	0.0006
30	0.0246	0.0178	0.0126	0.0088	0.0061	0.0041	0.0028	0.0008	0.0001
36	0.0192	0.0129	0.0084	0.0053	0.0033	0.0021	0.0013	0.0003	0.0000
48	0.0126	0.0072	0.0039	0.0020	0.0010	0.0005	0.0003	0.0000	
60	0.0088	0.0042	0.0019	0.0008	0.0003	0.0001	0.0001		

年金終価係数　$[M{\to}S](i,n)\,;\,\dfrac{(1+i)^n-1}{i}$

利率 i / 期数 n	3%	5%	7%	10%	15%	20%	25%	30%	40%
1	1.000	1.000	1.000	1.000	1.000	1.000	1.000	1.000	1.000
2	2.030	2.050	2.070	2.100	2.150	2.200	2.250	2.300	2.400
3	3.091	3.153	3.215	3.310	3.473	3.640	3.813	3.990	4.360
4	4.184	4.310	4.440	4.641	4.993	5.368	5.766	6.187	7.104
5	5.309	5.526	5.751	6.105	6.742	7.442	8.207	9.043	10.946
6	6.468	6.802	7.153	7.716	8.754	9.930	11.259	12.756	16.324
7	7.662	8.142	8.654	9.487	11.067	12.916	15.073	17.583	23.853
8	8.892	9.549	10.260	11.436	13.727	16.499	19.842	23.858	34.395
9	10.159	11.027	11.978	13.579	16.786	20.799	25.802	32.015	49.153
10	11.464	12.578	13.816	15.937	20.304	25.959	33.253	42.619	69.814
12	14.192	15.917	17.888	21.384	29.002	39.581	54.208	74.327	139.235
14	17.086	19.599	22.550	27.975	40.505	59.196	86.949	127.913	275.300
16	20.157	23.657	27.888	35.950	55.717	87.442	138.109	218.472	541.988
18	23.414	28.132	33.999	45.599	75.836	128.117	218.045	371.518	
20	26.870	33.066	40.995	57.275	102.444	186.688	342.945	630.165	
25	36.459	47.727	63.249	98.347	212.793	471.981			
30	47.575	66.439	94.461	164.494	434.745				
40	75.401	120.800	199.635						

参考文献

ここでは，著者の出版物の中から，この本とほぼ同様のねらいを持った著書と，一層専門的な勉強を志す方々への関連著書をあげておきます．

本書と似たねらいを持つ専門書・解説書：
[1] 伏見多美雄（1995）：経営の経済性分析―意思決定を支援する管理会計―，白桃書房
[2] 千住鎮雄，伏見多美雄（1995）：新版・経済性工学の基礎―意思決定のための経済性分析―，日本能率協会マネジメントセンター
[3] 千住鎮雄，伏見多美雄，藤田精一，山口俊和（改訂版1986）：経済性分析，日本規格協会
[4] 伏見多美雄（1992）：経営の戦略管理会計―経営戦略をサポートする会計情報―，中央経済社
[5] 伏見多美雄，柴田典男，福川忠昭（改訂版1988）：経営管理会計，日本規格協会

関連する専門領域を志す読者のために：
[6] 伏見多美雄編著（1997）：日本企業の戦略管理システム―業種業態別の収益構造とマネジメント・コントロール―，白桃書房
[7] 千住鎮雄，伏見多美雄（1983）：経済性工学の応用―利益拡大の計画技術―，日本能率協会マネジメントセンター
[8] 千住鎮雄，伏見多美雄（1974）：設備投資計画法，日科技連出版社
[9] 伏見多美雄（改訂版1987）：経営財務会計，日本規格協会
[10] 伏見多美雄，福川忠昭，山口俊和（1987）：経営の多目標計画―目標計画法の考え方と応用例，森北出版

伏見多美雄（ふしみ　たみお）

1958 年	慶應義塾大学経済学部卒業．引き続き同大学院修士・博士課程修了，経済学博士（1972 年）
1961 年	慶應義塾大学工学部管理工学科助手．同専任講師，助教授
1975〜77 年	米国留学．UC バークレー校およびハーバード大学経営大学院客員研究員
1977 年	慶應義塾大学ビジネス・スクール教授・兼大学院経営管理研究科教授
1994 年	東京理科大学経営学部教授
	慶應義塾大学名誉教授，学校法人東京理科大学監事
2006 年	逝去

著書論文／経済性工学，経済性分析，会計学，経営管理に関する著書，論文および開発ケース多数

学術受賞／経営科学文献賞，経営技術開発賞，義塾賞，日本会計研究学会太田賞，日本公認会計士協会中山 MAS 文献賞，VE 功労賞

学会活動／日本 OR 学会，日本経営工学会，日本管理会計学会，IMA 日本支部で，理事などの役員を歴任

おはなし経済性分析

定価：本体 1,400 円（税別）

2002 年 4 月 26 日　第 1 版第 1 刷発行
2019 年 4 月 26 日　　　　第 11 刷発行

著　者　伏見多美雄
発行者　揖斐　敏夫
発行所　一般財団法人 日本規格協会

権利者との
協定により
検印省略

〒 108-0073　東京都港区三田 3 丁目 13-12 三田 MT ビル
https://www.jsa.or.jp/
振替　00160-2-195146

製　作　日本規格協会ソリューションズ株式会社
印刷所　株式会社平文社
製作協力　有限会社カイ編集舎

© Tamio Fushimi, 2002　　　　　　　　　　　Printed in Japan
ISBN978-4-542-90233-6

- 当会発行図書，海外規格のお求めは，下記をご利用ください．
  JSA Webdesk（オンライン注文）：https://webdesk.jsa.or.jp/
  通信販売：電話 (03)4231-8550　FAX (03)4231-8665
  書店販売：電話 (03)4231-8553　FAX (03)4231-8667

おはなし科学・技術シリーズ

新おはなし品質管理 改訂版
田村昭一 著
定価：本体 1,200 円（税別）

おはなし新 QC 七つ道具
納屋嘉信 編
新 QC 七つ道具執筆グループ 著
定価：本体 1,400 円（税別）

おはなし生産管理
野口博司 著
定価：本体 1,300 円（税別）

多種少量生産のおはなし
千早格郎 著
定価：本体 1,000 円（税別）

おはなし新商品開発
圓川隆夫・入倉則夫・鷲谷和彦 共編著
定価：本体 1,700 円（税別）

おはなしデザインレビュー 改訂版
菅野文友・山田雄愛 編
定価：本体 1,200 円（税別）

おはなし統計的方法
永田 靖 著著
稲葉太一・今 嗣雄・葛谷和義・山田 秀 著
定価：本体 1,500 円（税別）

おはなし信頼性 改訂版
斉藤善三郎 著
定価：本体 1,200 円（税別）

おはなし品質工学 改訂版
矢野 宏 著
定価：本体 1,800 円（税別）

おはなし MT システム
鴨下隆志・矢野耕也・高田 圭・高橋和仁 共著
定価：本体 1,400 円（税別）

誤差のおはなし
矢野 宏 著
定価：本体 1,500 円（税別）

おはなし TPM
赤岡 純 著
定価：本体 1,359 円（税別）

安全とリスクのおはなし
向殿政男 監修／中嶋洋介 著
定価：本体 1,400 円（税別）

エントロピーのおはなし
青柳忠克 著
定価：本体 1,553 円（税別）

PL のおはなし
（株）住友海上リスク総合研究所
大川俊夫 著
定価：本体 1,165 円（税別）

QR コードのおはなし
標準化研究学会 編
定価：本体 1,300 円（税別）

暗号のおはなし 改訂版
今井秀樹 著
定価：本体 1,500 円（税別）

バイオメトリクスのおはなし
小松尚久・内田 薫・池野修一・坂野 鋭 共著
定価：本体 1,500 円（税別）

日 本 規 格 協 会　　https://webdesk.jsa.or.jp/